Marey Kurz

Vollwertküche
schnell und leicht

Schmackhafte Rezepte und praktischer Rat

GU
Gräfe und Unzer

Umschlag-Vorderseite
Schwedische Snolsoppa, Rezept Seite 23. Cottage-Früchte, Rezept Seite 86. Gefüllte Zucchini, eine Variante des Rezeptes Weizenküchle Seite 32/33.
2. Umschlagseite
Grünkernfrikadellen, ein würziges Pfannengericht für den großen Appetit. Rezept Seite 41.
3. Umschlagseite
Rohkost wie der erfrischende Möhrensalat sollte so oft wie möglich Auftakt der Mahlzeit sein. Rezept Seite 80.
4. Umschlagseite
Bulgarische Hirtenvesper mit Apfel-Zwiebel-Salat, Rezepte Seite 34 und 80. Sauerkraut-Lauch-Salat, Rezept Seite 83. Würziger Mais, Rezept Seite 43.

CIP-Kurztitelaufnahme der Deutschen Bibliothek

Kurz, Marey:
Vollwertküche, schnell und leicht: schmackhafte Rezepte u. prakt. Rat / Marey Kurz. 6. Aufl. – München: Gräfe und Unzer, 1989. (Naturgemäß leben)

ISBN 3-7742-3283-0

6. Auflage 1989
© Gräfe und Unzer GmbH, München

Redaktion: Antje Schunka-Späth
Herstellung: Monika Gerretz
Farbfotos: Fotostudio Teubner; 2. Umschlagseite: Susi und Pete A. Eising
Zeichnungen: Ingrid Schütz
Umschlaggestaltung: Heinz Kraxenberger
Reproduktionen: Brend'amour, Simhart & Co.
Satz und Druck: Appl, Wemding
Bindung: Sellier, Freising

ISBN 3-7742-3283-0

Marey Kurz

stammt aus einer deutsch-baltischen Familie und hatte schon als Kind eine Vorliebe fürs Kochen. Als junges Mädchen kochte sie oft für Eltern und Geschwister und interessierte sich dabei für alles, was mit gesunder Küche zusammenhängt. Seit über 25 Jahren kocht und bäckt sie als Hausfrau und Mutter für ihre Familie und sammelte dabei umfangreiche Erfahrungen. Ihr Ziel war stets, die täglichen Mahlzeiten gesund, aber vor allem auch schmackhaft auf den Tisch zu bringen. Aus gesundheitlichen Gründen mußte sie selbst viele Jahre lang die verschiedensten Diätformen einhalten. Sie begann daraufhin sich intensiv mit Vollwertkost zu beschäftigen, und die Versuche gaben ihr recht: die ganz konsequente Umstellung der Ernährung brachte eine Besserung der gesundheitlichen Probleme. Nun beweist sie täglich, daß natürliches Kochen nicht den Verzicht auf Gaumenfreuden bedeutet, und Familie wie Gäste sind immer wieder von neuen Gerichten begeistert.

Wichtiger Hinweis

Kaufen Sie möglichst nur gereinigtes Getreide, denn Schmutz und Unkrautsamen (vor allem Samen der giftigen Kornrade) dürfen nicht enthalten sein. Das gleiche gilt auch für das heute wieder häufiger auftretende Mutterkorn, das vor allem den Roggen befällt. Es ist ein deutlich erkennbares, schwärzliches und meist stark vergrößertes Korn. In größeren Mengen verzehrt (etwa 5–10 g) ruft es lebensgefährliche Vergiftungserscheinungen hervor. Die Gefahr ist allerdings relativ gering, wenn Sie, wie empfohlen, gereinigtes Getreide kaufen.
Weder die Schoten noch die Samen von Hülsenfrüchten dürfen roh verzehrt werden. Erst durch ausreichendes Garen wird das natürliche Gift der Bohnen, das Phasin, und die auf den Eiweißstoffwechsel ungünstig wirkende Substanz der Sojabohnen, unschädlich gemacht. Da diese Substanz beim Keimen nur teilweise abgebaut wird, sollen Sojabohnenkeimlinge nicht zu oft und grundsätzlich kurz erhitzt/blanchiert verzehrt werden.

Inhalt

Inhalt

Alle Rezepte dieses Buches sind für 4 Personen berechnet.

Ein Wort zuvor

Schnell und doch vollwertig kochen, was gut schmeckt – dieses neuartige Kochbuch beweist, daß man das kann! Es räumt mit dem Vorurteil auf, daß sich nur naturgesund ernähren kann, wer genügend Zeit und Geld hat. Endlich können auch die eilige Hausfrau und jeder Berufstätige gesunde, wohlschmeckende Mahlzeiten aus naturbelassenen Zutaten bereiten.

»Schnellküche« ist für viele Menschen gleichbedeutend mit Konserven- und Fertigkost. Die gesundheitlichen und geschmacklichen Nachteile nimmt, wer es eilig hat, in Kauf. Daß es auch anders geht, will ich Ihnen mit meinen neuen Rezept-Ideen zeigen. Sie werden sehen, man spart nicht nur Zeit und Geld damit, sondern, wenn schnell gekocht ist, kann man sich beim Essen Ruhe gönnen, was wiederum Spannkraft und Wohlbefinden erhöht.

Wenn Sie bisher gezögert haben, sich mit Naturkost anzufreunden, dann wird es Ihnen hier leicht gemacht. Ich biete Ihnen ausgewogene Menüs, wie die gesunde Küche sie fordert: mit kurzen Garzeiten und schonendster Zubereitung, damit die wertvollen Vitamine und Mineralstoffe erhalten bleiben, mit genügend Eiweiß und nicht zuviel Fett und – trotz Eile – immer mit etwas Rohkost. Das Vollgetreide steht natürlich mit an erster Stelle, doch bei vielen Rezepten kommen Sie ohne Getreidemühle aus.

In der Übersicht »Schnelle Menüs« auf Seite 19 habe ich Ihnen die Planung ausgeglichener Mahlzeiten bereits abgenommen. Sie können aber auch mit den vielen Vorschlägen für Beilagen und Desserts bei den Rezepten immer nach Geschmack variieren. Auf Seite 15 finden Sie außerdem eine Reihe vollwertiger »Blitzgerichte«, die sich ebenso rasch auf den Tisch bringen lassen wie industriell Vorgefertigtes »aus der Tüte«.

Selbstverständlich sind alle Rezepte mehrfach erprobt und gelingen auch Ungeübten auf Anhieb. Viele Tips zum Zeit- und Energiesparen beim Kochen und für einen rationellen Arbeitsablauf helfen dabei.

Bei der Zusammenstellung der Menüs habe ich vor allem darauf geachtet, daß die verwendeten Zutaten sich in ihrem gesundheitlichen Wert ergänzen und daß alles zusammen sehr gut schmeckt. Wichtig erschien mir auch die Quantität, denn nur wer nicht zuviel und nicht zuviel Verschiedenes auf einmal zu sich nimmt, ernährt sich gesund. Für größeren Appetit können die Rezeptmengen leicht erhöht oder die Mahlzeiten mit einem der vielen köstlichen Desserts ergänzt werden (im Kapitel auf Seite 84).

Ich habe bei den Rezepten nach Möglichkeit Zutaten, die für ein Gericht nicht voll verwendet werden, im gleichen Menü für eine andere Speise genützt. Auch greifen häufig die Zubereitung des Hauptgerichtes und der Nachspeise so ineinander, daß kein Leerlauf in der Küche entstehen kann. Damit sparen Sie eine Menge Zeit und schonen außerdem Ihr Portemonnaie.

Wie sich mit Vollwertkost Zeit und Geld sparen läßt, möchte ich Ihnen noch an einigen Beispielen erläutern: Wenn Sie 1 kg Weizen oder Roggen aus biologischem Anbau kaufen, geben Sie – je nachdem, wo Sie ihn bekommen – zwischen 1,20 und 5,00 Mark aus. Eine vierköpfige Familie kann sich davon fünfmal mittags sattessen, denn so wenig Körner braucht man für eine Mahlzeit (etwa 2 Tassen = 200 g) – natürlich mit Gemüse und Obst, Milchprodukten und Eiern ergänzt.

Vollgetreide ist nahrhaft und sättigend, ganz abgesehen davon, wie gesund es ist. Das natürliche Getreidekorn enthält in wertvollster Zusammensetzung alle Nähr- und Aufbaustoffe, die unser Körper braucht: Kohlenhydrate, Fette, Eiweiß, Vital- und Ballaststoffe, vor allem wertvolle Vitamine und Mineralstoffe. Nackthafer, Nacktgerste und Grünkern kosten etwas mehr als Weizen und Roggen, sind aber genauso ausgiebig. Am teuersten sind Buchweizen und Hirse, doch genügen in der Regel auch hier etwa

Ein Wort zuvor

200 g pro Mahlzeit für vier Personen. Rechnen Sie selbst aus, ob eine Mahlzeit mit Getreide Ihre Haushaltskasse nennenswert belastet. Wenn Sie noch keine Getreidemühle Ihr eigen nennen, werden Sie sich sicher nach einigen Versuchen mit Vollkorn-Mahlzeiten die Anschaffung überlegen. Doch auch dies muß kein großer Kostenpunkt sein, denn es gibt heute schon sehr preiswert erstklassige Mühlen als Vorsatz für elektrische Küchenmaschinen, mit eigenem Motor oder für Handbetrieb. Eine genaue Information vor dem Kauf ist zu empfehlen (siehe Seite 104). Sie brauchen dann nur noch für einen ausreichenden Vorrat an den acht Getreidearten – Weizen, Roggen, Hafer, Gerste, Naturreis, Hirse, Buchweizen und Grünkern – zu sorgen und haben stets die Grundlage für Ihre Mahlzeiten in allerbester, frischer Qualität im Haus. Viele Tüten, Päckchen und Dosen können Sie dann mit der Zeit entbehren, der Vorratsschrank wird übersichtlicher, und Sie sparen Einkaufszeit.

Der größte Posten im Haushaltsbudget ist bei herkömmlicher Ernährung aber wohl der Einkauf von Fleisch und Wurst. Die Erfahrung hat bewiesen, daß der Appetit darauf bei Vollkornernährung ganz von selbst zurückgeht (übrigens auch der Appetit auf Süßes, wie Sie auf Seite 8 noch lesen können). Wieviel Zeit und Geld kann man also beim Einkaufen sparen, wenn man den Frischfleisch- und Wurstkonsum reduziert, ganz abgesehen davon, daß Fleisch auch in der Küche einige Zeit beansprucht, wenn es sich nicht gerade um Steaks oder Schnitzel handelt.

Daß man sich mit Getreide und anderen gesunden Zutaten ernährt, schließt nicht unbedingt aus, daß manch einer sich ab und zu ein Stück Fleisch von einem gesunden Tier gönnt, doch habe ich in diesem Kochbuch auf Fleischrezepte verzichtet. Dafür möchte ich Ihnen einen bisher zu unrecht wenig beachteten »Ersatz« schmackhaft machen. Soja ist wegen seines hohen Eiweißgehaltes seit langem als wertvolles Nahrungsmittel bekannt. Der Preisunterschied von Sojamehl und Sojamark zu Fleisch ist beträchtlich. In diesem Kochbuch sind mir – hoffe ich – einige Rezepte mit dem sogenannten Sojafleisch gelungen, die Ihnen bestimmt gut schmecken werden.

Sicher wird man in der Vollwertküche einen Teil des vordem für Fleisch benötigten Haushaltsgeldes gern für biologisch gezogenes Gemüse und Obst, für Eier von gesunden Hühnern und für andere Vollwertzutaten ausgeben, doch werden sich diese Mehrkosten, wenn man Saison und Angebot beachtet, in Grenzen halten.

Zum Schluß einige Überlegungen, die vielleicht manchen heute veranlassen können, sich zur Vollwertküche zu entschließen. Viel mehr Menschen auf der Welt könnten satt werden, wenn sie das zur Fleischerzeugung benötigte Getreide selbst essen würden, denn für 1 kg Fleisch, das wir kaufen, müssen bis zu 20 kg Getreide und Soja verfüttert werden. Hinzu kommt, daß ein Drittel vom Getreidekorn bei der Verarbeitung zu weißem Mehl verlorengeht. Und manche unserer gesundheitlichen Beschwerden müßten nicht mit teuren Medikamenten behandelt werden, wenn sie uns auf Grund einer gesunden Kost gar nicht erst plagen würden; doch darüber mehr im folgenden Kapitel.

Aus welchem Grund auch immer Sie sich für die Vollwertküche entscheiden, ich hoffe, daß der Erfolg Sie überzeugen wird und daß Ihnen meine Gerichte gelingen und gut schmecken!

Ihre Marey Kurz

Gesund mit Vollwertkost

Gewissermaßen ist auch dies ein Teil unseres Themas »Zeit und Geld sparen«, denn sicher lassen sich mit Vollwertkost Krankheitszeiten und -kosten verringern. Damit will ich nicht behaupten, daß diese Ernährungsform ein Allheilmittel sei. Es mehren sich jedoch die Stimmen der Ärzte, die die Entstehung einiger Krankheiten auf unsere Zivilisationskost zurückführen. Durch umfangreiche Beobachtungen bei Völkern, die noch eine natürliche Nahrung mit viel Ballaststoffen zu sich nehmen, stellte man fest, daß die meisten der bei uns üblichen sogenannten Zivilisationskrankheiten bei ihnen unbekannt sind. Sobald sie sich aber auf unsere Kost umstellen, bekommen sie auch unsere Krankheiten. Daher sollte Prof. Kollaths Forderung: »Laßt die Nahrung so natürlich wie möglich!« heute wieder der Leitsatz für die Küche sein. Das bedeutet aber keineswegs, auf Gaumenfreuden zu verzichten. Auf die Zubereitung kommt es an!

Der Verdacht, daß einige Zivilisationskrankheiten durch einseitige Ernährung mit Auszugsmehlen, weißem Zucker und zuviel Fett verursacht werden, wird schon seit langem von namhaften Wissenschaftlern geäußert. Dr. Bircher-Benner, Dr. Vogel, Prof. Dr. Kollath, Are Waerland plädieren schon seit Jahrzehnten für eine Ernährung mit Vollkorn sowie viel Gemüse und Obst. In jüngerer Zeit bemühen sich unter anderen Dr. Bruker, Dr. Schnitzer, Dr. Anemüller, Prof. Dr. Holtmeyer ihren Mitmenschen klarzumachen, daß unsere übliche Kost die Ursache vieler Leiden ist. Gebißverfall, Gelenkentzündung, Bandscheibenleiden, Rheuma, Diabetes, Übergewicht, Lebererkrankungen, Nieren- und Gallensteine, Arteriosklerose, Thrombose, Herzinfarkt, die Anfälligkeit für Infekte und auch Krebs werden dabei genannt. Funktionsstörungen des Dickdarms (Verstopfung, Reizdarm) und Divertikulose (eine Darmkrankheit) wurden durch Versuche und Röntgenaufnahmen bereits als Folge einer ballaststoffarmen Ernährung nachgewiesen.

Bedingt durch die technischen Möglichkeiten der Nahrungsmittelverarbeitung und durch das »Kaloriendenken« der letzten hundert Jahre fanden die lebenswichtigen Begleitstoffe der natürlichen Nahrungsmittel – Vitamine, Mineralstoffe, Spurenelemente, Fermente und Ballaststoffe – viel zu wenig Beachtung.

Jetzt erst wird es immer größeren Bevölkerungskreisen bewußt, daß durch die Reduzierung beziehungsweise den Wegfall der oben angeführten Stoffe, wie ihn die Verfeinerung, industrielle Verarbeitung und Konservierung mit sich bringen, eine Mangelernährung entsteht, die uns Vitalität und Spannkraft vorenthält, die uns schlecht ausrüstet, mit der veränderten Lebensweise und den Umweltbelastungen fertig zu werden.

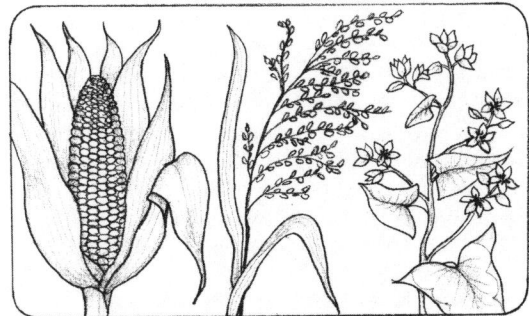

Mais, Reis und Buchweizen (von links nach rechts), drei der acht Vollgetreidearten. Wobei der Buchweizen botanisch »nicht zur Familie« gehört. Näheres darüber lesen Sie auf Seite 96 ff.

Es ist übrigens eine veraltete Vorstellung, daß Vollgetreide Blähungen verursachen soll. Selbst in der Krankenkost macht es keine Beschwerden, nur sollte man nicht ganz abrupt umstellen, also zuerst helle Vollkornbrote (mit hohem Weizenanteil) essen und erst allmählich auf dunklere (hoher Roggenanteil) übergehen. Gründliches Kauen ist sowieso eine Forderung der gesunden

Gesund mit Vollwertkost

Ernährung. Vollkornkost erzieht fast von selbst dazu. Sollten Blähungen auftreten, dauert das nur ein paar Tage (während der Umstellung). Wenn zusätzlich zur Vollwertkost noch Zucker und zuckerhaltige Produkte sowie andere industriell veränderte Nahrungsmittel gegessen werden, kann das allerdings bei manchen Menschen zu Beschwerden beim Genuß von Vollkorn und Rohkost führen.

Experten der Vollwertkost führen gute Gründe dafür an, daß mindestens 10–20% (manche sagen 50–60%) der täglichen Kost roh verzehrt werden sollen – als »lebendige« Nahrung, die besonders für eine gute Darmpflege unentbehrlich ist. Empfohlen wird außerdem, Rohkost vor der »Kochkost« zu essen. Berufstätigen und anderen Leuten mit wenig Zeit kann man indes kaum zumuten, täglich eine Platte mit verschiedenen Rohkostsalaten zuzubereiten. Wenn Sie aber einen rohen Salat, der zum Menü gehört, wenigstens teilweise vorher essen, so ist schon ein Anfang gemacht. Suppen, Eintöpfe und andere Gerichte, die nur aus gekochten Zutaten bestehen, können durch reichlich rohe Kräuter aufgewertet werden. Stellen Sie dann noch einen Teller mit ein paar gewaschenen Tomaten, geputzten Möhren, Gurken, rohen Blumenkohlröschen oder rohen Kohlrabistücken oder auch mit einem Apfel oder einer Birne für jeden auf den Tisch. Wenn Sie die Familie auffordern, hier zuerst zuzulangen, wird sich sicher niemand lange bitten lassen.

Um den vollen Lohn für die vollwertige, gesunde Ernährung zu bekommen, genügt es natürlich nicht, nur das Mittagessen als Vollwertkost zu gestalten. Dazu gehört auch Vollkornbrot am Abend oder zum Imbiß, mit frischem Gemüse oder Obst oder einem Rohkostsalat und mit Milchprodukten, wie zum Beispiel Quark, Joghurt, Dickmilch, Kefir oder Käse, ergänzt. Oder aber Sie essen regelmäßig als Zwischenmahlzeit rohes Obst oder Gemüse.

Das Frischkornmüsli am Morgen ist eine reine Getreide- und Früchterohkost, die für die so wichtige Regulierung der Darmtätigkeit besonders wertvoll ist. Auf Seite 16 gebe ich Ihnen ein einfaches Grundrezept dafür.

Der Appetit auf Süßigkeiten und Süßspeisen geht bei einer so ausgeglichenen Ernährung ganz von selbst zurück. Die »müde Welle« nach dem Mittagessen bleibt aus. Sie werden sich frischer und leistungsfähiger fühlen und auch bald beobachten, wie sich gesundheitliche Probleme zu bessern beginnen.

So sparen Sie Zeit

Die richtige Zeiteinteilung beim Kochen

Zugegeben, das Kochen mit Vollkorn bedeutet gegenüber der gewohnten »bürgerlichen Küche« eine gewisse Umstellung. Viele schrekken davor zurück, weil vegetarische Vollwertkost oft mit zeitraubender Küchenarbeit in Verbindung gebracht wird. Das trifft im allgemeinen für viele Gerichte auch zu.

Neue Rezept-Ideen waren nötig, um zu zeigen, daß es auch anders geht.

Gewiß, das Kochen mit natürlichen Zutaten dauert schon etwas länger, als nur ein paar Konservendosen zu öffnen. Die ganz Eiligen finden aber auf Seite 15 einen »Kleinen Kurs für Blitzgerichte« – einige Vorschläge für ganz einfache Zubereitungen der Vollwertküche, die fast so wenig Zeit und Mühe beanspruchen wie Fertiggerichte. Im Rezeptteil werden anspruchsvollere Gerichte vorgestellt, aber nur solche, die »schnell gehen«. Um das zu erreichen, wurden zum Teil ganz neue Methoden und Zusammenstellungen erprobt.

Die richtige Reihenfolge bei der Kocharbeit hilft ebenfalls, Zeit zu sparen. Wenn Sie genau nach der Anleitung arbeiten, haben Sie automatisch das richtige »timing«.

Durch die Benutzung praktischer Geräte werden die Garzeiten weiter verkürzt, was auch der Gesundheit zugute kommt, mehr darüber auf Seite 10. Das Ergebnis: Kein Menü in diesem Kochbuch wird mehr als 30 Minuten Zubereitungs- und Garzeit beanspruchen. Ein Zugeständnis müssen wir bei der Zubereitung des gesunden und wohlschmeckenden vollen Korns allerdings machen: manche Getreidearten müssen am Abend vorher eingeweicht, manche auch ganz kurz vorgekocht werden, damit sie am nächsten Tag schnell gar sind. Dadurch werden Zeit und Energie gespart. Es genügt aber auch, die Kör-

ner einige Stunden vor der Mahlzeit ein paar Minuten lang zu kochen (kalt ansetzen) und sie dann bis zur eigentlichen Zubereitung stehenzulassen.

Zum Schluß noch ein paar Beispiele zur richtigen Zeiteinteilung, wie Sie sie in den Kochanleitungen meiner Rezepte finden werden:

● Während Sie Kartoffeln oder Gemüse putzen und vorbereiten, sollten Sie schon das benötigte Wasser oder Fett auf dem Herd heiß werden lassen. Die Hitze sollten Sie je nach Ihrer individuellen Arbeitsgeschwindigkeit einstellen, so daß das Wasser kocht oder das Fett heiß ist, wenn die Zutaten fertig vorbereitet sind. Dadurch können Sie in jedem Fall einige Minuten Zeit sparen.

● Die Zwiebeln werden meist nicht als erstes gebraten oder angedünstet – wie sonst üblich –, sondern während alles andere kocht, werden in einer separaten Pfanne Zwiebeln gebraten und zum Schluß dem fertigen Gericht zugefügt. Das spart ebenfalls Zeit, und die Speise schmeckt frischwürzig und aromatisch. Die Zwiebeln brauchen meist nur grob zerkleinert zu werden, auch das geht schneller (siehe auch Seite 13).

● In einigen Kapiteln finden Sie am Schluß Vorschläge für »Gerichte für zwei aufeinanderfolgende Tage«. Erfahrenen Hausfrauen ist diese Methode sicher geläufig: an einem Tag wird etwas mehr von einer Speise gekocht oder nicht Verwendetes (zum Beispiel wertvolle Kochbrühe) wird aufgehoben und am nächsten Tag (oder nach Belieben durch Einfrieren unterbrochen) ganz schnell eine neue Speise daraus zubereitet.

Im Menüplan (auf Seite 19) sind die Mahlzeiten so zusammengestellt, daß Sie »Hand in Hand« arbeiten können, das heißt, Sie können den Salat oder das Dessert nebenbei zubereiten, während der Hauptgang kocht.

Die Zusammenstellung der Menüs ergibt sich aber auch aus den Hinweisen »Das paßt dazu« oder »Das paßt als Dessert« bei den Rezepten.

Dort finden Sie noch zusätzliche Vorschläge, die zeitlich und nährstoffmäßig passen, damit Sie flexibler sein können.

Gut vorgeplant geht's schneller

Sehen Sie in Küche, Garten, Keller oder Gefriergerät nach, welche Lebensmittel verbraucht werden müssen, überlegen Sie, welches Obst und Gemüse je nach Saison gerade frisch und günstig zu haben sind und beachten Sie Sonderangebote. Dann machen Sie einen Plan für die ganze Woche und suchen sich in der Übersicht »Schnelle Menüs« auf Seite 19 oder in den Rezeptkapiteln für jeden Tag ein Gericht heraus. Danach schreiben Sie auf, was Sie einkaufen müssen. Der Einkauf kann meist auf einmal erledigt werden, oder Sie notieren, an welchem Tag die Familienmitglieder etwas besorgen können.

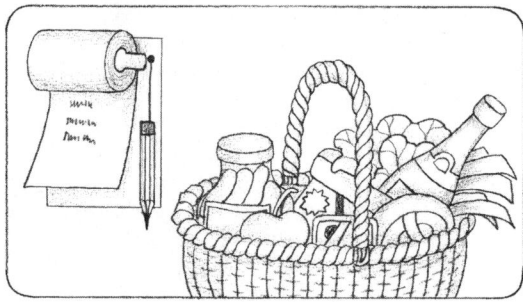

Gut vorgeplant macht das Einkaufen keine Mühe und geht rasch. Eine Merkrolle in der Küche hilft dabei.

Die umgekehrte Möglichkeit wäre, einzukaufen, was es gerade frisch und günstig gibt, Rezepte dafür herauszusuchen und Mahlzeiten aus den eingekauften Zutaten für ein paar Tage zu planen.

Jeden Abend sehen Sie nach, was am nächsten Tag gekocht werden soll, vor allem, ob etwas eingeweicht werden muß, und stellen eventuell auch die Zutaten schon bereit. So können Sie ohne Streß Ihre Familie eine ganze Woche lang mit gesunden Mahlzeiten versorgen. Wenn Sie das jede Woche so handhaben, werden Sie sehen, daß Sie die halbe Stunde Planungszeit »mit Zinsen« wieder herausgeholt haben.

Praktische Tips, die Zeit und Energie sparen helfen

Kürzere Garzeiten sind eine Hauptforderung der gesunden Küche, um die Wertstoffe zu schonen. Bitte sehr – wir wollten ja sowieso Zeit sparen! Hier einige Tips, wie Sie das machen:

● Wenn Sie wenig Flüssigkeit zum Kochen verwenden, wird die Ankochzeit verkürzt, weil eine geringe Menge Wasser schneller kocht. Die Speisen werden hauptsächlich in Dampf gegart. Die erprobten Flüssigkeitsmengen sind in den Rezepten angegeben. Es geht noch schneller, wenn Sie *breite Töpfe* verwenden, weil dann der Dampf das Kochgut gleichmäßiger durchdringt. Diese Methode wird übrigens auch zum Energiesparen (Stiftung Warentest) empfohlen. Wenn Sie also bisher gewohnt waren, alles in reichlich sprudelnd kochendem Wasser gar zu kochen, stellen Sie sich bitte Ihrer Gesundheit und Ihrem Portemonnaie zuliebe um. Also: wenig Flüssigkeit, geringe Hitze während der Garzeit und *gut schließende Topfdeckel!* (Bei schlecht schließenden Deckeln müssen Sie eventuell einmal Wasser nachgießen.)

● Eine neue Koch-Idee für die schnelle Küche: man bereitet die komplette Mahlzeit in einer *breiten großräumigen Pfanne mit Deckel* zu. Im Kapitel »Pfannen-Schnellgerichte« auf Seite 71 finden Sie hierfür raffinierte Rezepte. Wer eine *Servier-*

pfanne besitzt (von SUS), kann sie gleich mit dem fertigen Gericht auf den Tisch stellen. Die Servierpfanne hat statt des Stieles zwei Griffe und ist absolut tischgerecht. Es gibt dazu den passenden Deckel mit Ventil, der natürlich auch auf die normale Pfanne paßt. Edelstahlpfannen

Eine Servierpfanne aus Edelstahl (mit Deckel) ist nicht nur praktisch – sie sieht auch bei Tisch sehr gut aus.

nehmen die Hitze gut auf, es entsteht eine Art Rundumhitze. Kunststoffbeschichtete Pfannen mit Deckel aus Jenaer Glas sind ebenso geeignet.
Eine solche Servierpfanne aus Edelstahl ist gleichzeitig zum Braten von Frikadellen aus Getreide oder Soja ideal. Beim Braten der vegetarischen Küchle wird die Pfanne nicht so verspritzt und unansehnlich, wie man es vom Fleischbraten gewohnt ist – sie bleibt »servierfein«. Andererseits sind vegetarische Frikadellen oft etwas weicher in der Konsistenz, so daß es angenehm ist, wenn man sich den Umtransport auf eine Servierplatte sparen kann.
● Ein Gerät, das für die schnelle *und* gesunde Küche unbedingt benötigt wird, ist ein guter *Mixer*. Er spart viel Zeit und macht manche Speisen auch bekömmlicher.
● Beinahe unentbehrlich ist auch der kleine, praktische und preiswerte *Reibe-Mouli* zum Zerkleinern von Nüssen und Käse in kleinen Men-

gen. (Nüsse bitte nie in der Getreidemühle mahlen, sie verkleben das Mahlwerk!)
● Die *Bircher-Raffel* hat sich für das schnelle und leichte Reiben von Äpfeln und Gemüserohkost in kleinen Mengen seit langem bestens bewährt.
● Ein *elektrischer Zerkleinerer* (zum Beispiel Moulinette oder Braun) ist ebenfalls ein ausgesprochenes Zeitspargerät. Das Zerkleinern geht schneller als mit einem Fleischwolf und das Gerät ist einfacher und rascher zu reinigen. Der Zerkleinerer wird für die Rezepte dieses Kochbuchs allerdings nicht oft gebraucht.
● Nachdem Sie einige Gerichte aus ganzen Körnern probiert haben, wird wahrscheinlich Ihr Interesse für eine *Getreidemühle* erwachen, um auch Speisen aus feinem, mittelfeinem und grobem Schrot bereiten zu können, zumal diese viel kürzere Garzeiten haben. Natürlich bekommt man dort, wo es ganze Körner gibt, auch Schrot und Vollmehl. Zum Ausprobieren genügt das sicherlich. Aber man sollte bedenken, daß nur das frisch gemahlene Korn einen optimalen Wohlgeschmack hat und auch für die Gesundheit das Beste ist: Einige Bestandteile des vollen Korns oxydieren sehr schnell an der Luft, sobald es zerkleinert ist.

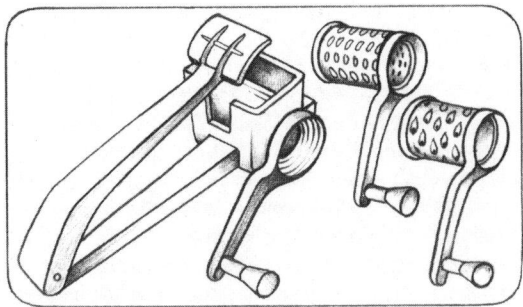

Mit dem handlichen Reibe-Mouli können kleine Mengen Reibgut schnell zerkleinert werden, wenn nötig gleich in die kochende Speise.

So sparen Sie Zeit

In Naturkostläden und auch in Reformhäusern kann man die gekauften Getreidekörner meist gleich mahlen lassen; das garantiert relative Frische. Man kann zunächst auch eine alte elektrische Kaffeemühle benutzen; der Motor wird das allerdings nicht länger als ein paar Monate aushalten.

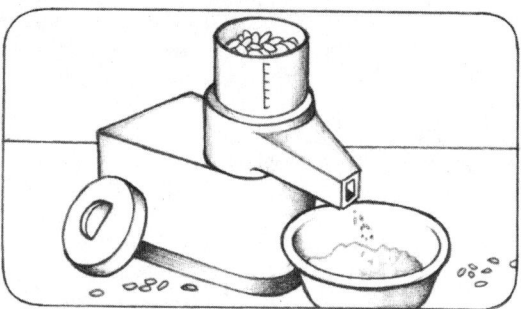

Die Hersteller von Getreidemühlen senden Ihnen auf Anforderung gerne Informationsmaterial. Auch das Handbuch auf Seite 104 ist sehr zu empfehlen.

Da wir in diesem Buch nicht nur Zeit, sondern auch Kosten sparen wollen, empfehle ich Ihnen, sich vor dem Kauf einer Getreidemühle gründlich zu informieren (siehe Seite 104). Achten Sie beim Kauf einer Mühle unbedingt darauf, daß sie auch feines Mehl mahlt, manche mahlen nur Schrot.

● Ein Gerät, das vor allen Dingen Energie spart und sich für das Garen von Getreidegerichten sehr gut eignet, ist die *Spar-GarBox* – eine Styropor-Box mit dazu passendem Edelstahltopf. In dieser »Kochkiste« können Schrot- und Körnergerichte nicht anbrennen – ein großer Vorteil, denn auf der Kochplatte kann das leicht passieren. Schrotgerichte nur ankochen, in die Box stellen, ausquellen lassen, ganze Körner einweichen, einige Minuten kochen, in der Box fertig garen. Außerdem eignet sich das Gerät vorzüglich zum Herstellen von Joghurt im Topf oder in

Portionsgläsern im Wasserbad (am besten mit einem gefriergetrockneten Ferment aus dem Reformhaus). Zum stundenlangen Warmhalten von Speisen sollte man die Spar-GarBox allerdings nur in Ausnahmefällen benutzen, denn hierbei gehen zu viele Vitamine verloren.

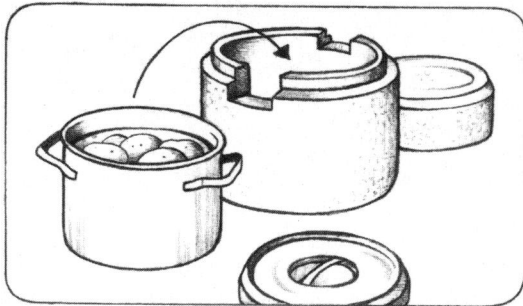

Getreidegerichte gelingen in der Spar-GarBox besonders leicht. Diese moderne »Kochkiste« von SUS ist eine sehr gute Energiespar-Hilfe.

Sie sehen: »natürlich kochen« bedeutet nicht, zu Urgroßmutters mühseliger Küchenarbeit zurückzukehren. Wenn wir moderne Hilfsmittel sinnvoll einsetzen, spart das Zeit und Kraft. Zum Schluß noch einige »flinke Tricks«, häufig vorkommende Handgriffe bei der Küchenarbeit:

● Äpfel erst vierteln, dann schälen und das Kernhaus entfernen geht schneller, als erst schälen, dann zerschneiden und entkernen.

● Kartoffeln bürstet man am schnellsten mit der rauhen Seite eines Topfschwammes. (Wenn schon winzige Keime zu sehen sind, müssen die »Augen« = Keimansätze mit spitzem Messer herausgestochen werden, da sie giftiges Solanin enthalten.)

● Kartoffeln – und Gemüse entsprechend – werden für Würfel längs geviertelt, dann quer in »Scheiben« geschnitten, am besten gleich in den Topf.

So sparen Sie Zeit

● Kirschen zupft man von den Stielen und entsteint sie entweder mit einem Kirschenentstei-
ner oder mit einer Haarnadel, die auf einen Korken gesteckt ist. Man hält den Korken, fährt mit
der Rundung der Nadel beim Stielansatz in die
Frucht und zieht den Kern heraus.

● Kohl wird geviertelt, von schlechten Blättern
und vom Strunk befreit, dann für Salat in dünne
Scheiben geschnitten. Am schnellsten geht es
mit der Küchenmaschine (feine Schneidscheibe
oder -trommel). Für Gemüse schneidet man die
Kohlviertel zuerst längs in breite Scheiben, dann
quer in Würfel.

● Lauch wird von der Wurzel und unbrauchbaren Blättern befreit, längs halbiert, dann unter
fließendem Wasser gründlich zwischen den Blättern gewaschen (siehe Seite 57).

● Möhren (frische Gartenmöhren) bürstet man
wie Kartoffeln. Wintermöhren schält man am
schnellsten mit dem Spargelschäler von oben
nach unten.

● Zwiebeln müssen meist nur grob zerkleinert
werden: schälen, längs halbieren, dann längs in
Scheiben und zum Schluß quer in Würfel schneiden. Oder die Zwiebeln längs halbieren und quer
in Scheiben schneiden.

● Für alle Gerichte mit gemahlenem Getreide
habe ich die Körner mehlfein gemahlen (mit einer kleinen Getreidemühle, kleinste Einstellung).
Zum Kochen ist dieses Mehl oder feiner Schrot
im allgemeinen praktischer und herzhafter.
Große Getreidemühlen mahlen noch feiner (=
staubfein). Für Vollkornspätzle und zum Backen
ist staubfein gemahlenes Getreide zu empfehlen. Wenn Sie eine große Getreidemühle besitzen, sollten Sie Ihr Mehl zum Kochen (außer für
Spätzle) also nicht auf der kleinsten Stufe mahlen; staubfeines Mehl benötigt beim Kochen etwas mehr Flüssigkeit.

● Wenn Sie keine Getreidemühle besitzen, verwenden Sie die entsprechende Menge gekauf-
tes Mehl oder Schrot.

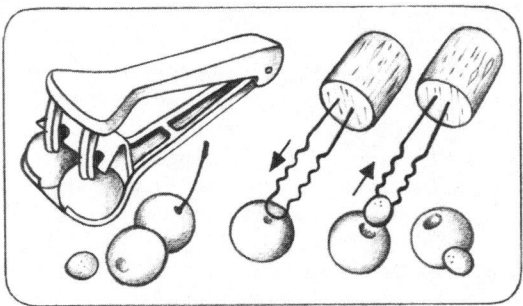

Das Entsteinen von Kirschen geht mit einem selbstge-
machten wie einem gekauften Gerät gleich flink.

Bei jungen, kleinen Kohlköpfen kann man auch erst
den Strunk herausschneiden oder den Kopf nur halbieren und dann streifig schneiden.

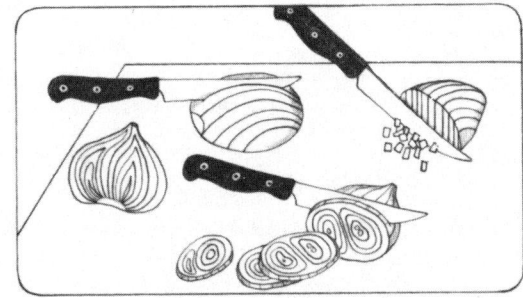

Beim Schneiden von Zwiebeln ist ein scharfes Messer
wichtig, dann geht es wirklich rasch.

Mengen und Maße

Alle Rezepte sind für 4 Personen berechnet. Die Mengen sind bewußt nicht zu groß gehalten, denn gesunde Ernährung heißt auch, nicht zuviel zu essen und nicht zuviel Verschiedenes auf einmal. Schwerarbeiter oder Menschen mit besonders großem Appetit können die Mengen problemlos vergrößern.

● Das Tassenmaß wird hier häufig für Getreidegerichte verwendet. Es heißt zum Beispiel: Sie nehmen 1 Tasse Getreidekörner und gießen 2 Tassen Wasser hinzu (aus der gleichen Tasse). Mit dieser Methode haben Sie immer das richtige Verhältnis und können die Rezepte ohne Rechnen für einen größeren oder kleineren Appetit ändern. Sie nehmen einfach eine größere oder kleinere Tasse als Maß. Wenn Sie eine größere oder kleinere Tasse verwenden, müssen Sie natürlich auch etwas mehr oder weniger Gewürze nehmen.

Meßgeräte ersparen zeitraubendes Abwiegen. Benützen Sie aber stets die gleichen Löffel, Tassen oder Becher, deren Fassungsvermögen Sie kennen. Dann gelingt alles gleichmäßig gut.

● Die Wasseraufnahmefähigkeit und die Kochzeit des Getreides können je nach Qualität unterschiedlich sein. Eventuell brauchen Sie manchmal etwas mehr Flüssigkeit zum Ausquellen.

● Die ziemlich geringen Flüssigkeitsmengen zum Gardämpfen gelten für Töpfe mit gut schließenden Deckeln. Schließt der Deckel nicht gut oder haben Sie zu stark kochen lassen, dann müssen Sie rechtzeitig Flüssigkeit nachgießen.

● Wenn Sie die Kartoffeln nicht, wie in fast allen Rezepten angegeben, mit der Schale verwenden, sondern wie gewohnt schälen wollen, dann nehmen Sie bitte pro 1 kg etwa 250 g mehr.

● Um Ihnen lästiges Abwiegen zu ersparen, werden die Zutaten häufig in Tassen, Eßlöffeln, Teelöffeln und Messerspitzen angegeben.

Häufig gebrauchte Maße:

1 Tasse Getreidekörner	= etwa 100 g
1 gehäufter Eßl. Getreidekörner	= etwa 20 g
1 Tasse Wasser oder Milch	= etwa 140 g
1 Tasse Sahne	= etwa 120 g
1 Tasse Öl	= etwa 120 g
1 Eßl. Öl	= etwa 10 g
1 Eßl. Butter oder Margarine	= etwa 15 g
1 Eßl. Honig, flüssig	= etwa 30 g
1 Teel. Honig, flüssig	= etwa 12 g
7 Walnüsse, mittelgroß, geschält	= etwa 30 g
11 Walnüsse, mittelgroß, geschält	= etwa 50 g

Kleiner Kurs
für Blitzgerichte

In der Vollwertküche gibt es eine ganze Reihe von Möglichkeiten, so schnell und einfach zu kochen wie sonst mit Fertigprodukten. Die folgenden Beispiele sind ganz einfache Zubereitungen ohne »besonderen Pfiff« zum Angewöhnen, zum Probieren, wie kräftig Vollwertkost schmeckt, oder wenn Sie es mal ganz eilig haben. Zur »Kochfaulheit« soll der kleine Kurs aber nicht verführen, denn Abwechslung auf dem Speisezettel ist auch eine Forderung der vollwertigen Küche. Alle Gerichte im Rezeptteil gehen schnell und machen Ihren Küchenzettel abwechslungsreich, und sie sind so schmackhaft, daß auch Skeptiker zufriedengestellt werden.

Schrotsuppen
gehen so schnell wie Fertigsuppen (Vorsicht: sie kochen auch so leicht über wie Fertig-Cremesuppen!)
Grundrezept:
1–1¼ l Wasser mit 2 leicht gehäuften Eßlöffeln gekörnter Gemüsebrühe aufkochen, 4 gehäufte Eßlöffel Getreide (frisch mittelfein geschrotet) einstreuen, mit dem Schneebesen rühren und die Suppe 1–2 Minuten kochen. Eventuell etwas Öl oder Butter oder 1 zerkleinerte, in Butter gebratene Zwiebel zufügen.
Folgende Gewürze passen dazu:
Roggen: 2 Teelöffel Kümmel, 1 Teelöffel Koriander (mit dem Roggen mahlen oder gemahlene Gewürze verwenden). Feingehackte Petersilie zur fertigen Suppe.
Grünkern: 1 Teelöffel Kümmel, 1 Teelöffel Koriander. Feingehackte Petersilie und 2–3 Eßlöffel Edelhefeflocken zur fertigen Suppe.
Gerste: 1 gehäufter Teelöffel getrockneter, gerebelter Majoran, 1 Messerspitze Muskatblüte (Macis) und 1 Tasse Sahne zur fertigen Suppe.

Buchweizen: Reichlich gehackte Kräuter und etwas Sahne zur fertigen Suppe.
Mais: Maisgrieß verwenden. ½ Teelöffel Knoblauchsalz und 1 Teelöffel Delikata oder Curry, feingehackte Petersilie zur fertigen Suppe.
Weizen: gehackte Petersilie, eventuell etwas Pfeffer und 1 zerkleinerte, gebratene Zwiebel zur fertigen Suppe.

Weizensuppe süß:
Grundrezept ohne gekörnte Brühe, 2 Tassen beliebigen süßen Fruchtsaft und 1 Teelöffel Delifrut zur fertigen Suppe.

Zum Dessert gibt es nach den Schrotsuppen Obst und Käse (siehe Seite 84), und Ihre Mahlzeit ist vollwertig.

Blitzgerichte mit Gomasio
Gomasio (Sesamsalz, siehe Seite 99) ergänzt Kartoffeln, Naturreis oder Vollkornnudeln mit wertvollem, leicht verdaulichem Eiweiß und Fett, so daß die Mahlzeiten vollwertig sind.
Pellkartoffeln: kochen, Kräuter (Dill, Petersilie und/oder Schnittlauch) feinhacken. Kartoffeln, Kräuter und Sesamsalz auf den Tisch stellen. Jeder schält sich seine Kartoffeln, nimmt sich Kräuter und Sesamsalz auf den Teller und stippt die Kartoffeln immer wieder in beides oder bestreut sie damit. Dazu gibt es Tomaten, geputzte Möhren oder Gurken. Danach ein Joghurt, Kefir oder eine Dickmilch.
Naturreis: kochen, mit Curry oder Delikata abschmecken, mit feingehackten Kräutern (Petersilie, Schnittlauch) mischen. Sesamsalz streut sich jeder nach Geschmack auf den Reis. Beilagen und Nachspeise wie bei Kartoffeln.
Vollkornnudeln: kochen, mit etwas Butter, Teigwarengewürz (zum Beispiel Pastaroma, aus dem Reformhaus) und feingehackten Kräutern (Petersilie, Schnittlauch) mischen. Sesamsalz streut sich jeder selbst auf. Dazu Tomaten oder Tomatenrührei.

Bild rechts: Die Snolsoppa ist eine schwedische Spe- ▷
zialität. Rezept Seite 23.
Zum Bild auf Seite 18: Die Zubereitung der Vollkornspätzle mit Käse. Rezept Seite 62.

Blitzgerichte mit Sojasauce

Sojasauce (siehe Seite 99) ergänzt die Speisen mit wertvollem Eiweiß.

Pellkartoffeln: kochen, Quark oder besser Schichtkäse in eine Schüssel geben, feinge-hackte Kräuter (Schnittlauch oder Petersilie) und reichlich Kümmel darüberstreuen, mit reich-lich Sojasauce übergießen. Zu den heißen Kar-toffeln den Quark und eventuell etwas Butter es-sen. Rohes Gemüse oder Salat dazu.

Naturreis: zusammen mit gewürfelter Gurke oder Zucchini gar kochen, mit Sojasauce über-gießen und mit Delikata abschmecken. Obst und Käse als Dessert.

Sojasuppe: 1 Päckchen tiefgefrorenes Suppen-grün in 1 l Wasser gar kochen, mit Sojasauce würzen. Käsebrot mit Tomaten, Radieschen oder Kresse dazu.

Blitzgerichte mit Käse

Nudeltopf: Mindestens 2 l Wasser mit 1 Eßlöffel Kochsalz oder Meersalz aufkochen. 500 g grob zerkleinertes Gemüse und 200–250 g Vollkorn-nudeln zusammen darin gar kochen (dauert etwa 10 Minuten). Gemüse und Nudeln mit ei-nem Schaumlöffel herausnehmen. Mit 200 g ge-riebenem Käse, feingehackten Kräutern und eventuell etwas Butter mischen. Als Käse eignet sich Emmentaler oder Gouda. (Den Käse grob-reiben; geriebenen Gouda mit 1 Teelöffel Delika-ta mischen.) Die wertvolle Kochbrühe als Grund-lage für eine Schrotsuppe (siehe Seite 15) ver-wenden.

Folgende Gemüse eignen sich:

Fenchel: waschen, längs halbieren, quer in Scheiben schneiden.

Blumenkohl: in Röschen zerteilen, in Salzwasser waschen, größere Röschen längs halbieren oder vierteln.

Broccoli: halbieren oder vierteln, in Salzwasser waschen, Stengel in Stücke schneiden und mit-kochen.

Zucchini: waschen (nicht schälen) längs vierteln, quer in 1–2 cm dicke Scheiben schneiden. Zum Kochwasser 1 Eßlöffel Provence-Kräuter, 1 Tee-löffel edelsüßes Paprikapulver und 1 Messerspit-ze weißen Pfeffer geben.

Kartoffeltopf: Kartoffeln gut bürsten (siehe Sei-te 12) und mit der Schale würfeln. Mit Gemüse (siehe oben) zusammen in wenig Salzwasser gar dämpfen, Kochwasser abgießen. Kartoffeln und Gemüse mit Käse, Kräutern und Butter mischen.

Getreidetopf: Wasser und Getreide im Verhältnis 2 : 1. Wasser, mit Kräutersalz leicht gesalzen, mit Delikata gewürzt, in eine Deckelpfanne gießen, das Gemüse (siehe oben) einfüllen. Hirse, gro-ben Maisgrieß oder groben Weizenschrot zum Schluß darin verteilen. Zugedeckt 10–15 Minuten kochen, noch 10 Minuten zugedeckt ausquellen lassen. Mit Käse, Kräutern und Butter mischen.

Frühstücksmüsli

Zum Schluß noch das auf Seite 8 versprochene Müslirezept:

Am Abend 2 Eßlöffel Weizen (pro Person) mittel-fein schroten und, eben mit Wasser bedeckt, zu-gedeckt stehenlassen; eventuell in den Kühl-schrank stellen.

Am Morgen 1–2 Teelöffel Honig zusammen mit ⅛ l Milch leicht erwärmen (nicht kochen). 1 Apfel in den Weizenschrot hineinreiben oder in Stück-chen schneiden (wenn Sie lieber etwas beißen wollen). ½ Banane in Scheiben schneiden, zufü-gen, die Honigmilch darübergießen und alles mi-schen.

Dazu nach Geschmack Zitronen- oder Grape-fruitsaft, geriebene Nüsse, Kokosraspeln oder gemahlener Leinsamen und/oder 1 Teelöffel Kakao.

Wenn Sie die Vorbereitung am Abend vergessen haben, mahlen Sie den Weizen am Morgen fein, gießen heißes Wasser darüber und verfahren weiter wie oben.

Schnelle Menüs

In dieser Übersicht finden Sie komplette Menüs, nach Zubereitungszeit in Gruppen aufgeteilt. Wenn Sie nach den Rezepten »Hand in Hand« arbeiten, das heißt, während die Hauptspeise kocht, die Beilage oder das Dessert zubereiten, dann werden Sie in der jeweils genannten Zeit problemlos vollwertige Mahlzeiten auf den Tisch bringen.

Alle Vorschläge sind in den Zutaten aufeinander abgestimmt und ausgeglichen. Noch wertvoller und gesünder wird jede Mahlzeit – wie auf Seite 7 schon gesagt –, wenn Sie noch »etwas Rohes zuvor« anbieten, etwa einen schnellen Salat, etwas rohes Gemüse oder Obst.

Manche der folgenden praktischen Zeitspar-Menüs erfordern eine kurze Vorbereitung, meist am Abend zuvor, damit zum Beispiel Getreide am anderen Tag rasch gegart werden kann. Diese Vorbereitungs- und Quellzeit ist jeweils gesondert angegeben.

15-Minuten-Menüs
● Gazpacho (Rezept Seite 23) mit garnierten Käsebroten (Rezept Seite 24), Bananenbecher Amanda (Rezept Seite 95).
● Zuppa mille fanti (Rezept Seite 29), Birnen mit Schokoladensauce (Rezept Seite 94)
Vorbereitungszeit: 5 Minuten, am Vorabend.
● Süße Weizensuppe (Rezept Seite 15), Obst und Käse (Rezept Seite 84).
● Gewürzte Vollkornnudeln (Rezept Seite 15) mit Tomatensalat (Rezept Seite 77), Dickmilch.

20-Minuten-Menüs
● Grüner Eintopf (Rezept Seite 26), Birnen mit Schoko-Krokant (Rezept Seite 94).
● Schwedische Snolsoppa (Rezept Seite 23) mit Käsesnacks (Rezept Seite 23), Erdbeeren mit Schlagsahne.
● Spinateintopf mit Ei (Rezept Seite 31), Apfelgelee (Rezept Seite 84) mit Schlagsahne.

● Bohnentopf (Rezept Seite 26), Apfel-Nuß-Salat (Rezept Seite 92)
Vorbereitungszeit: 5 Minuten, am Vorabend.
● Sahnige Erbsensuppe (Rezept Seite 25), Orangen mit Schlagsahne
Quellzeit: etwa 12 Stunden.
● Waerland-Kartoffeln (Rezept Seite 47) mit gefüllten Tomaten (Rezept Seite 57) und Kräuter-Mixgetränk (Rezept Seite 58).
● Vollkornnudeln mit Gemüsecreme Valencia (Rezept Seite 57), Erdbeer-Quarkcreme (Rezept Seite 90).
● Pe-Tsai-Pfanne (Rezept Seite 71), Orangenflip (Rezept Seite 95).

25-Minuten-Menüs
● Bunter Weizenkörnertopf (Rezept Seite 28), Aprikosenquark (Rezept Seite 90)
Vorbereitungszeit: 5 Minuten, am Vorabend.
● Grünkern-Pilz-Topf (Rezept Seite 38), Obst und Käse (Rezept Seite 84)
Quellzeit: etwa 12 Stunden.
● Zuppa quattro (Rezept Seite 28), Kiwischaum (Rezept Seite 91)
Vorbereitungszeit: 5 Minuten, am Vorabend.
● Champignontopf (Rezept Seite 30), Erdbeer-Quarkcreme (Rezept Seite 90).
● Roggen-Rosenkohl-Topf (Rezept Seite 30), falsche Spiegeleier (Rezept Seite 91).
● Bunter Gersteneintopf (Rezept Seite 29), Fruchtjoghurt (Rezept Seite 86, Variante) oder Obst
Vorbereitungszeit: 5 Minuten, am Vorabend.
● Würzige Kartoffelsuppe (Rezept Seite 22), brauner Kirschenquark (Rezept Seite 89).
● Haferküchle »Kraftspender« (Rezept Seite 33) mit Chinakohlsalat (Rezept Seite 78), Kiwischaum (Rezept Seite 91)
Vorbereitungszeit: 10 Minuten, am Vorabend.
● Grünkernfrikadellen (Rezept Seite 41) mit grün-rotem Salat (Rezept Seite 76), Apfelgelee (Rezept Seite 84) mit Schlagsahne.

Schnelle Menüs

- Bulgarische Hirtenvesper (Rezept Seite 34) mit Sauerkrautsalat (Rezept Seite 83), Bananenbecher Amanda (Rezept Seite 95)
Quellzeit: mindestens 2 Stunden.
- Roggen mit saurer Sahne (Rezept Seite 37) mit Apfel-Käse-Salat (Rezept Seite 81), Äpfel in Nußsauce (Rezept Seite 93)
Vorbereitungszeit: 5 Minuten, am Vorabend.
- Hirsotto (Rezept Seite 38) mit grünem Salat (Rezept Seite 76), Vitaminjoghurt (Rezept Seite 86).
- Blumenkohl in gelbem Nest (Rezept Seite 71), Bananensalat (Rezept Seite 85).
- Rührei spezial – mit Hirse (Rezept Seite 39) mit Gurkensalat (Rezept Seite 77), Buttermilchkaltschale (Rezept Seite 95).
- Roggenschmarrn (Rezept Seite 42) mit Rote-Rüben-Rohkost (Rezept Seite 79), Kiwi-Nuß-Quark (Rezept Seite 89).
- Blini (Rezept Seite 40) mit Rote-Rüben-Salat (Rezept Seite 79), brennende Himbeeren (Rezept Seite 94).
- Gebratener Mais (Rezept Seite 43) mit Balkansalat (Rezept Seite 81), Kirsch-Mandel-Creme (Rezept Seite 90).
- Dämpfkartoffeln (Rezept Seite 45) mit Sauerkraut-Lauch-Salat (Rezept Seite 83), Schoko-Kleie-Schaum (Rezept Seite 91).
- Kartoffelschmarrn (Rezept Seite 46) mit Zuckerschoten (Rezept Seite 55) und Tomaten, Obstsalat (Rezept Seite 85).
- Delikate Kartoffelpfanne (Rezept Seite 73), Vitamin- oder Fruchtjoghurt (Rezepte Seite 86).
- Kräuterkartoffeln (Rezept Seite 48) mit Rettichsalat (Rezept Seite 78), Schoko-Obstsalat (Rezept Seite 85).
- Kümmelkartoffeln (Rezept Seite 49) mit Harzer Salat (Rezept Seite 81), Apfelschaum (Rezept Seite 91).
- Kartoffelpuffer aus dem Mixer (Rezept Seite 49) mit Apfelmus (siehe Rezept Apfelschaum Seite 91).

- Krautfleckerl (Rezept Seite 72), Cottage-Früchte (Rezept Seite 86).
- Soja-Kartoffel-Curry (Rezept Seite 65), Birnen mit Schokoladensauce (Rezept Seite 94)
Quellzeit: etwa 12 Stunden.
- Herzhafte Sojapfanne (Rezept Seite 64), Vitamin- oder Fruchtjoghurt (Rezepte Seite 86)
Quellzeit: etwa 12 Stunden.
- Szegediner Kraut (Rezept Seite 66) mit Majorankartoffeln (Rezept Seite 46), Äpfel in Nußsauce (Rezept Seite 93)
Quellzeit: etwa 12 Stunden.
- Kalifornischer Reis (Rezept Seite 59) mit Bananengemüse (Rezept Seite 55), Sesamäpfel (Rezept Seite 94)
Quellzeit: etwa 12 Stunden.
- Knusprige Sojapuffer (Rezept Seite 66) mit Apfelmeerrettich (Rezept Seite 81), Kiwischaum (Rezept Seite 91)
Vorbereitungszeit: 10 Minuten, am Vorabend.
- Sojaküchle (Rezept Seite 67) mit Gurkensalat (Rezept Seite 77), Obst.
- Bunter Reistopf (Rezept Seite 59), Plantagenquark (Rezept Seite 90)
Quellzeit: etwa 12 Stunden.
- Klare Reissuppe (Rezept Seite 60), brauner Kirschenquark (Rezept Seite 89)
Quellzeit: etwa 12 Stunden.
- Sommer-Reissuppe (Rezept Seite 60), Beeren-Reis-Schnee (Rezept Seite 92)
Quellzeit: etwa 12 Stunden.
- Frischer Reissalat (Rezept Seite 61), Aprikosenquark (Rezept Seite 90)
Quellzeit: etwa 12 Stunden.
- Möhrengulasch (Rezept Seite 54) mit Vollkornnudeln, Apfel-Nuß-Salat (Rezept Seite 92).
- Soja-Hirse-Omelette (Rezept Seite 68) mit pikanter Gemüsefüllung (Rezept Seite 56), Erdbeerbrote (Rezept Seite 86)
Quellzeit: etwa 12 Stunden.

Schnelle Menüs

30-Minuten-Menüs

● Roggen-Lauch-Topf (Rezept Seite 27), Kiwi-Nuß-Quark (Rezept Seite 89)
Vorbereitungszeit: 5 Minuten, am Vorabend.

● Weizenküchle (Rezept Seite 32) mit Apfel-Sellerie-Salat (Rezept Seite 80), heiße Bananen (Rezept Seite 95)
Vorbereitungszeit: 5 Minuten, am Vorabend.

● Würzige Roggenkörner (Rezept Seite 37) mit Apfel-Zwiebel-Salat (Rezept Seite 80), Äpfel mit Vanillesauce (Rezept Seite 93)
Vorbereitungszeit: 5 Minuten, am Vorabend.

● Kascha mit Rahmguß (Rezept Seite 34) und Salzgurken, russischer Tee, Birnen mit Schokoladensauce (Rezept Seite 94).

● Chicorée mit Nußcreme (Rezept Seite 52) und würziger Mais (Rezept Seite 43), erfrischende Walnußsahne (Rezept Seite 92).

● Baked beans »quickly« (Rezept Seite 42) mit Tomatensalat (Rezept Seite 77), Äpfel mit Vanillesauce (Rezept Seite 93)
Quellzeit: etwa 12 Stunden.

● Nußkartoffeln (Rezept Seite 46) mit Kräuterblumenkohl (Rezept Seite 52), Obstsalat (Rezept Seite 85) mit Hüttenkäse.

● Pommes Duchesse (Rezept Seite 46) und Spargelsalat mit Nüssen (Rezept Seite 78), Erdbeerbrote (Rezept Seite 86).

● Herzhafte Bratkartoffeln (Rezept Seite 47) mit Rotkohlsalat (Rezept Seite 82), Aprikosenquark (Rezept Seite 90).

● Sahnekartoffeln (Rezept Seite 48) mit Weißkohlsalat (Rezept Seite 82), russischer Quark (Rezept Seite 91).

● Vollkorn-Kartoffelgemüse (Rezept Seite 49) und rote Rüben in weißer Sauce (Rezept Seite 54), Apfelsahne (Rezept Seite 92).

● Sojagulasch (Rezept Seite 65) mit Kartoffeln und Äpfeln (Rezept Seite 50), Obstsalat (S. 85)
Vorbereitungszeit: 5 Minuten, am Vorabend.

● Spinattorte (Rezept Seite 74), Apfelsahne (Rezept Seite 92).

● Umgedrehte Lauchtorte (Rezept Seite 56) mit Tomatensalat (Rezept Seite 77), falsche Spiegeleier (Rezept Seite 91).

● Maisblume (Rezept Seite 73), Obstsalat (Rezept Seite 85).

● Feine Spinatpfanne (Rezept Seite 75), Apfelgelee (Rezept Seite 84) mit Schlagsahne.

● Spaghetti mit Soja »bolognese« (Rezept Seite 61) und grüner Salat (Rezept Seite 76), Vitaminjoghurt (Rezept Seite 86).

Menüs für zwei aufeinanderfolgende Tage

● Am ersten Tag – 30 Minuten –
Spargelgemüse (Rezept Seite 55) mit Käsesoufflé (Rezept Seite 43) und Kressesalat (Rezept Seite 76), Erdbeeren;
am zweiten Tag – 15 Minuten –
Bunte Rohkostplatte (Rezept Seite 79), Spargelcremesuppe (Rezept Seite 24), Erdbeerbrote (Rezept Seite 86).

● Am ersten Tag – 30 Minuten –
Rosenkohl in brauner Nußsauce (Rezept Seite 53) mit Kartoffelpüree (Rezept Seite 50), Obstsalat (Rezept Seite 85);
am zweiten Tag – 20 Minuten –
Sauerkrautauflauf (Rezept Seite 51), Apfelschaum (Rezept Seite 91).

● Am ersten Tag – 30 Minuten –
Vollkornpfannkuchen (Rezept Seite 44) mit buntem Salat (Rezept Seite 77), Rhabarberkompott (Rezept Seite 86);
am zweiten Tag – 15 Minuten –
Frittatensuppe (Rezept Seite 44), Hirse-Beeren-Pfanne (Rezept Seite 75).

● Am ersten Tag – 30 Minuten –
Vollkornspätzle mit Käse (Rezept Seite 62) und grünem Salat (Rezept Seite 76), Schoko-Kleie-Schaum (Rezept Seite 91);
am zweiten Tag – 20 Minuten –
Gaisburger Marsch vegetarisch (Rezept Seite 63), Erdbeer-Quarkcreme (Rezept Seite 90)
Quellzeit: etwa 12 Stunden.

Suppen und Eintöpfe

Wer schnell und problemlos kochen will, bei dem stehen Suppen und Eintopfgerichte an erster Stelle. Erstens braucht man nur einen Topf, zweitens muß man wenig nachdenken, weil alles zusammen in diesem einen Gefäß gar gekocht wird, drittens und überhaupt ist eine warme Suppe oder ein kräftiger Eintopf die richtige Stärkung nach einem arbeitsreichen Tag oder Vormittag. Daß Suppen dick machen und deshalb zu meiden sind, trifft nur bei der »üblichen« Kost zu, wo sie als erster Gang zu einem ohnehin schon kalorienreichen Essen serviert werden. Außerdem werden sie oft zu stark gesalzen.

In der Vollwertküche dagegen soll die Suppe oder der Eintopf der Hauptgang sein, vorher sollte höchstens etwas Rohkost oder Obst und als Nachspeise ein Joghurt oder ein gesundes Dessert serviert werden, nach dem Motto: Nicht zuviel und nicht zuviel Verschiedenes auf einmal. Die folgenden Rezepte sind leicht und schnell: leicht zuzubereiten und schnell zu kochen, aber auch leicht verdaulich.

Die Suppengrundlage muß nicht immer Wasser sein. In der »bürgerlichen« Küche ist meist Fleischbrühe die Basis. In der vegetarischen Küche nehmen Sie Gemüsebrühe, falls vorhanden. Das heißt die mengenmäßig geringe, aber an Mineralstoffen reiche Kochbrühe, die beim Dämpfen oder Garen von Gemüse übrigbleibt, gießen Sie nicht weg, sondern verwenden sie zur Suppe. Oder Sie kochen die gut gewaschenen Abfälle vom Gemüseputzen, zum Beispiel Lauchblätter, Sellerieblätter, Kohlstrünke, Möhrenabfälle, Erbsenschoten mit etwas Liebstöckel etwa 20 Minuten aus und verwenden die Brühe als Suppengrundlage.

Einige schmackhafte Suppen und Eintöpfe finden Sie außerdem noch auf den Seiten 38, 44, 59, 60 und 63.

Würzige Kartoffelsuppe

1¼ l Wasser oder Gemüsebrühe · 500 g Kartoffeln · 1 Bund frisches oder 1 kleines Päckchen tiefgefrorenes Suppengrün · 3–4 gestrichene Teel. Kräutersalz · 1 gehäufter Teel. Kümmel · 1 gehäufter Teel. getrockneter, gerebelter Majoran · 1 gestrichener Teel. gemahlener Koriander · 1 gestrichener Teel. edelsüßes Paprikapulver · 1 gestrichener Teel. Knoblauchsalz · 1 große Zwiebel · Butter zum Braten · eventuell 2 Brisoletten (Fertigprodukt) · 2 gehäufte Eßl. Grünkern · 2 gehäufte Eßl. Edelhefeflocken · 1 Bund Petersilie · etwas Liebstöckel

Pro Portion etwa 1 115 Joule/265 Kalorien
Zubereitungszeit: 20 Minuten

Das Wasser oder die Brühe in einem großen Topf zum Kochen bringen. Inzwischen die Kartoffeln gut bürsten (siehe Seite 12) und mit der Schale in Würfel schneiden. Das frische Suppengrün putzen, waschen und zerkleinern. Kartoffelwürfel und Suppengrün (tiefgefrorenes unaufgetaut) in die kochende Flüssigkeit schütten, die Gewürze zufügen und alles in etwa 10 Minuten gar kochen. Währenddessen die Zwiebel schälen, grob zerkleinern und in Butter goldbraun braten. Eventuell die Brisoletten kleinschneiden und mit anbraten. Den Grünkern feinmahlen. Sobald das Gemüse gar ist, das Grünkernmehl langsam mit einem Schneebesen einrühren. Die Suppe noch etwa 2 Minuten kochen lassen, dann vom Herd nehmen. Die Hefeflocken, die gebratene Zwiebel, eventuell die Brisolettenstücke und die feingehackten Kräuter untermischen. Falls nötig, noch mit Kräutersalz und Gewürzen abschmecken.

Tip: Brisoletten sind Sojafrikadellen. Wer den Eiweißgehalt des Menüs erhöhen möchte, kann damit ergänzen. Die preiswertesten findet man (2 Stück in Folie gepackt) im Kühlregal im Reformhaus.

Das paßt als Dessert: Obst oder Naturjoghurt oder brauner Kirschenquark (Rezept Seite 89) oder Bananensalat (Rezept Seite 85).

Schwedische Snolsoppa

Bild Seite 17 und Umschlag-Vorderseite

Ein leichtes Sommeressen ist diese schwedische Spezialität (man spricht Snolßoppa).

¾ l Wasser oder Gemüsebrühe · ¾ l Milch · 500 g gemischtes junges Sommergemüse, zum Beispiel Möhren, Erbsen, Blumenkohl, Broccoli, Mangoldrippen (= Rippenmangold) und etwas Suppengrün · 500 g neue Kartoffeln · 1 gestrichener Eßl. Kräutersalz · 1 Messerspitze Muskatblüte (Macis) · reichlich frische Kräuter wie Petersilie, Dill und etwas Liebstöckel

Pro Portion etwa 1 010 Joule/240 Kalorien
Zubereitungszeit: 20 Minuten

Das Wasser oder die Gemüsebrühe und die Milch in einem großen Topf zum Kochen aufsetzen. Währenddessen das Gemüse putzen, waschen und kleinschneiden. Die Kartoffeln gut bürsten oder schaben und in große Würfel schneiden. Gemüse und Kartoffelwürfel in das Wasser-Milch-Gemisch schütten und in etwa 10 Minuten gar kochen. Mit Kräutersalz abschmecken und die Muskatblüte hinzufügen. Den Topf vom Herd nehmen und reichlich feingehackte Kräuter untermischen.

Das paßt dazu: Käsesnacks (Rezept rechts).

Das paßt als Dessert: Erdbeeren mit Schlagsahne.

Käsesnacks

4 Scheiben Grahambrot oder Vollkorn-Toastbrot · Butter · 200 g Hüttenkäse · etwas frisch gemahlener Pfeffer · 4 Scheiben Emmentaler Käse · rohes Gemüse, zum Beispiel Tomaten, Möhren oder Kresse · etwas Paprikapulver · Schnittlauch

Pro Portion etwa 1 100 Joule/260 Kalorien
Zubereitungszeit: 10 Minuten

Die Brotscheiben toasten und mit Butter bestreichen. Mit dem Hüttenkäse dick belegen und leicht mit Pfeffer, am besten frisch aus der Mühle, bestreuen. Mit den Emmentaler-Käsescheiben belegen und im Grill überbacken oder in eine Pfanne mit Deckel legen und bei kleiner Hitze backen, bis der Käse zerläuft. Das Gemüse waschen, putzen und zurechtschneiden. Den Schnittlauch feinschneiden. Die Brote mit Paprikapulver überstäuben, mit Schnittlauch bestreuen und mit dem rohen Gemüse garnieren.

Gazpacho

Ein Essen für ganz heiße Tage ist die spanische »Rohkost«-Suppe (man spricht Gaßpatscho).

250 g Tomaten · ½ Salatgurke (etwa 250 g) · 1 Zwiebel · 2 Knoblauchzehen · 1 Becher saure Sahne (200 g) · 2 Becher Joghurt (400 g) · 1 Eßl. Olivenöl · 2–3 gestrichene Teel. Kräutersalz · ½ Teel. edelsüßes Paprikapulver · 2 Messerspitzen weißer Pfeffer · Saft von

*½–1 Zitrone nach Geschmack · 1 Bund Dill ·
1 Bund Schnittlauch*

Pro Portion etwa 680 Joule/160 Kalorien
Zubereitungszeit: 10 Minuten

Die Tomaten gründlich waschen, vom grünen
Stengelansatz befreien und halbieren. Die Gurke, wenn nötig, schälen und grob zerkleinern.
Die Zwiebel und die Knoblauchzehen schälen
und halbieren. Alles Gemüse mit den übrigen
Zutaten von Sahne bis Zitronensaft in den Mixer
füllen und feinmixen. Den Dill und den Schnittlauch feinschneiden und einen Teil unter die
Suppe mischen. Mit Kräutersalz abschmecken.
Die kalte Suppe in Suppentassen verteilen und
mit den restlichen Kräutern bestreuen.

Das paßt dazu: garnierte Käsebrote (Rezept
rechts).

Das paßt als Dessert: Bananenbecher Amanda
(Rezept Seite 95).

Tip: Wenn Ihr Mixer für weniger als 1 l Füllmenge
(¾ des Gesamtvolumens) gebaut ist, die Suppe
bitte in zwei Partien mixen und anschließend zu-
sammenmischen.
Wenn Sie im Zweifel sind, ob Salatgurken, die
Sie gekauft haben, chemisch behandelt, also ge-
spritzt worden sind, sollten Sie sie immer schälen.

Varianten: Diese schnelle Suppe können Sie je
nach Markt- oder Gartenangebot variieren, zum
Beispiel statt der Gurke mit Zucchini (wird völlig
problemlos vertragen im Gegensatz zur Gurke,
die manchem »schwer im Magen« liegt), oder
statt Joghurt Kefir verwenden oder statt saurer
Sahne süße Sahne. Sie können auch nach
Wunsch ½–1 geputzte, grob zerkleinerte Paprikaschote zufügen oder, falls vorhanden, wenig

frische aromatische Kräuter mitmixen, zum Beispiel 1 kleinen Zweig Thymian, Majoran oder
Rosmarin oder ein Salbeiblatt.

Garnierte Käsebrote

*1 Bund Radieschen · 1 Kästchen Kresse oder
1 Bund Schnittlauch · 4 Scheiben Pumpernickel
oder Roggenvollkornbrot · Butter · 4 Scheiben
milder Schnittkäse, zum Beispiel Butterkäse*

Pro Portion etwa 895 Joule/215 Kalorien
Zubereitungszeit: 5 Minuten

Die Radieschen putzen und waschen. Die Kresse waschen oder den Schnittlauch waschen und
feinschneiden. Die Brote mit Butter bestreichen,
mit den Käsescheiben belegen und mit Kresse
oder Schnittlauch und Radieschen garnieren.

Spargelcremesuppe

Diese köstliche Suppe können Sie mit der Spargelschalenbrühe aus dem Rezept Spargelgemüse oder Spargelsalat zubereiten. Es geht zwar
nicht ganz so schnell, schmeckt aber noch besser, wenn Sie frischen Spargel (Suppenspargel)
dazu verwenden.

*¾ l Spargelschalenbrühe vom Rezept Seite 55
oder 78 oder 250 g Spargel und ¾ l Wasser ·
4 gehäufte Eßl. Weizen · 1 Messerspitze
geriebene Muskatnuß · 1 Tasse Sahne ·
1 Eigelb · 2–3 Teel. Kräutersalz · Petersilie*

Pro Portion etwa 525 Joule/125 Kalorien
Zubereitungszeit: 10 Minuten (aus fertiger
Brühe)

Die Brühe zum Kochen bringen. Oder den Spargel waschen, schälen und in 3 cm lange Stücke schneiden, die Spargelstücke etwa 15 Minuten im Wasser kochen. Diese Brühe mit den Spargelstücken weiterverwenden wie die Spargelschalenbrühe. Den Weizen mehlfein mahlen, die Kleie aussieben und anderweitig verwenden. Das Mehl mit dem Muskat mischen und mit etwas Wasser anrühren. Sobald die Brühe kocht, das angerührte Mehl unter Rühren hineingießen und 1–2 Minuten kochen lassen. Die Sahne mit dem Eigelb verquirlen und in die nicht mehr kochende Suppe einrühren. Die Suppe mit Kräutersalz abschmecken. In Suppentassen mit feingehackter Petersilie bestreut servieren.

Das paßt als Vorspeise: bunte Rohkostplatte (Rezept Seite 79).

Das paßt als Dessert: Erdbeerbrote (Rezept Seite 86) oder Erdbeer-Quarkcreme (Rezept Seite 90).

Sahnige Erbsensuppe

Auch eine Hülsenfruchtsuppe kann zum Schnellgericht werden. Die Vorbehandlung der eingeweichten Erbsen im Mixer macht's möglich!

125 g getrocknete gelbe Erbsen (halbe Schälerbsen) · 1¼ l Wasser oder Gemüsebrühe · 1 Bund frisches oder 1 kleines Päckchen tiefgefrorenes Suppengrün · 1 Lorbeerblatt · 1 gehäufter Eßl. gekörnte Gemüsebrühe · je 1 gehäufter Teel. getrockneter, gerebelter Thymian und Majoran · 1–2 gestrichene Teel. Curry · 1 Messerspitze weißer Pfeffer · 2 säuerliche Äpfel · 1–2 Zwiebeln · Butter zum Braten · 1 Tasse Sahne · etwa 3 Eßl. Apfelessig · 2–3 Teel. Kräutersalz · Petersilie · Liebstöckel

Pro Portion etwa 1 270 Joule/300 Kalorien
Quellzeit: etwa 12 Stunden (über Nacht)
Zubereitungszeit: 15–20 Minuten

Am Vorabend die Erbsen mit ½ l Wasser oder Gemüsebrühe in einen Topf geben und etwa 12 Stunden (über Nacht) zugedeckt quellen lassen.
Am anderen Tag ¾ l Wasser oder Gemüsebrühe in einem großen Topf zum Kochen bringen. Währenddessen das frische Suppengrün putzen, waschen und zerkleinern. Das Suppengrün (tiefgefrorenes unaufgetaut) und die Gewürze von Lorbeerblatt bis Pfeffer in den Topf geben. Die Erbsen mit dem Einweichwasser in den Mixer füllen, feinmixen (dabei den Mixer zwischendurch ausschalten, je nach Gebrauchsanweisung des Herstellers – Höchstlaufzeit nicht überschreiten). Den Inhalt des Mixers in den Topf mit der kochenden Flüssigkeit gießen und die Suppe zugedeckt (Vorsicht, es spritzt!) etwa 10 Minuten kochen lassen, dabei gelegentlich umrühren. Währenddessen die Äpfel schälen, vierteln, vom Kernhaus befreien und in kleine Würfel schneiden. Die Apfelwürfel ebenfalls in den Topf geben. Während die Suppe kocht, die Zwiebel schälen, grob zerkleinern und in einer kleinen Pfanne in Butter goldbraun braten. Prüfen, ob alles im Topf gar ist, dann die Suppe vom Herd nehmen. Die Sahne zufügen. Die Erbsensuppe mit Essig und Kräutersalz abschmecken und die feingehackten Kräuter sowie die gebratenen Zwiebeln untermischen.

Das paßt als Dessert: Orangen mit Schlagsahne oder Obst und Käse (Rezept Seite 84) oder eine der Obst-Quarkspeisen (Rezepte Seite 89 ff.).

Suppen und Eintöpfe

Bohnentopf

Eine andere Möglichkeit, eine Hülsenfruchtsuppe als Schnellgericht zu bereiten, bieten die köstlichen, eiweißreichen Azukibohnen (kleine rote Sojabohnen), die eine relativ kurze Garzeit haben.

Reichlich 1 l Wasser oder Gemüsebrühe · 150 g Azukibohnen · 50 g Sojamarkwürfel · 1 gehäufter Eßl. gekörnte Gemüsebrühe · 250 g Kartoffeln · eventuell 1 Zwiebel und etwas Butter · 2 säuerliche Äpfel · je 1 leicht gehäufter Teel. getrockneter, gerebelter Thymian und Majoran · 1–2 Messerspitzen schwarzer Pfeffer · Kräutersalz · Petersilie

Pro Portion etwa 1 110 Joule/265 Kalorien
Vorbereitungszeit: 5 Minuten (am Abend vorher)
Quellzeit: etwa 12 Stunden (über Nacht)
Zubereitungszeit: 20 Minuten

Am Vorabend das Wasser oder die Brühe, die Azukibohnen, das Sojamark und die gekörnte Brühe in einen großen Topf geben und einmal aufkochen. Vom Herd nehmen und zugedeckt etwa 12 Stunden (über Nacht) zum Quellen stehenlassen.
Am nächsten Tag die Brühe mit den Bohnen wieder zum Kochen aufsetzen. Währenddessen die Kartoffeln gut bürsten (siehe Seite 12) und mit der Schale in Würfel schneiden. Die Kartoffelwürfel mit in den Topf geben und alles zusammen etwa 10 Minuten kochen. Eventuell die Zwiebel schälen, grob zerkleinern und in Butter goldbraun braten. Inzwischen die Äpfel vierteln, schälen, vom Kernhaus befreien und würfeln. Die Apfelwürfel in die kochende Suppe geben und noch etwa 5 Minuten kochen. Prüfen, ob die Bohnen und die Kartoffeln gar sind. Mit den Gewürzen und Kräutersalz abschmecken. Den Eintopf vom Herd nehmen und feingehackte Petersilie untermischen. Nach Wunsch noch die gebratene Zwiebel hinzufügen.

Das paßt als Dessert: Apfel-Nuß-Salat oder erfrischende Walnußsahne (Rezepte Seite 92).

Grüner Eintopf

Grüne Bohnen haben eine lange Kochzeit und Bohnen aus der Dose gehören nicht zum Thema »natürlich kochen«. Hier dennoch ein ganz schnelles Rezept für grüne Bohnen – aus dem Mixer!

400 g frische oder tiefgefrorene grüne Bohnen · 1 Bund frisches oder 1 kleines Päckchen tiefgefrorenes Suppengrün · 1¼ l Wasser oder Gemüsebrühe · 1 gestrichener Eßl. gekörnte Gemüsebrühe · 1 Eßl. frisches, feingehacktes oder getrocknetes, gerebeltes Bohnenkraut · 1 Tasse Grünkern · 1 Teel. Kümmel · ½ Teel. Koriander · 4 Tomaten · Kräutersalz · 1 gestrichener Teel. edelsüßes Paprikapulver · frische Kräuter wie Schnittlauch, Petersilie, Liebstöckel · 4 gehäufte Eßl. Edelhefeflocken · eventuell etwas Sahne

Pro Portion etwa 720 Joule/170 Kalorien
Vorbereitungszeit: tiefgefrorenes Gemüse mindestens 30 Minuten antauen lassen
Zubereitungszeit: 15 Minuten

Frische Bohnen und Suppengrün putzen, waschen und grob zerkleinern. Die Bohnen und das Suppengrün dann in zwei Partien mit je ½ l Wasser oder Brühe im Mixer kurz zerkleinern (nur einige Sekunden). Mit dem restlichen ¼ l Wasser oder Brühe den Mixer ausspülen. Alles in einen Topf geben und mit der gekörnten Brühe und dem Bohnenkraut in etwa 5 Minuten gar kochen.

Suppen und Eintöpfe

Inzwischen den Grünkern mit dem Kümmel und dem Koriander feinmahlen (oder gemahlenen Kümmel und Koriander verwenden). Das Mehl mit den Gewürzen langsam unter Rühren in die kochende Suppe einlaufen lassen, weiterrühren und noch 2–3 Minuten kochen. Die Tomaten würfeln. Den Eintopf mit Kräutersalz, dem Paprikapulver und feingehackten Kräutern abschmecken. Die Edelhefeflocken und die gewürfelten Tomaten zufügen, gut mischen. Nach Wunsch noch mit Sahne verfeinern.

Das paßt als Dessert: Birnen mit Schoko-Krokant oder Birnen mit Schokoladensauce (Rezepte Seite 94) oder brauner Kirschenquark (Rezept Seite 89) oder Aprikosenquark (Rezepte Seite 90).

Es folgen kräftige Eintopfgerichte mit Getreide. Die ganzen Körner müssen natürlich am Abend zuvor eingeweicht beziehungsweise kurz vorgekocht werden, damit sie am nächsten Tag relativ schnell gar sind. Sollten Sie die Vorbereitung aber einmal vergessen haben, bietet sich hier die Möglichkeit, den Schnellkochtopf einzusetzen. Sie können die Körner im Schnellkochtopf kalt ansetzen, zum Kochen bringen und unter Druck (Stufe II) gar kochen. Grünkern braucht 15 Minuten, Weizen 20 Minuten und Roggen 25 Minuten unter Druck. Auch die eingeweichten oder vorgekochten Körner können Sie unter Druck gar kochen (Grünkern 5 Minuten, Weizen und Roggen 10 Minuten). Danach möglichst nicht oder nur ganz langsam abdampfen, denn dabei gehen Aromastoffe verloren. Es muß aber ausdrücklich betont werden, daß die Eintopfgerichte aus ganzen Körnern aromatischer und kräftiger schmecken, wenn sie nach der herkömmlichen Methode – wie in den Rezepten beschrieben – gekocht worden sind.

Roggen-Lauch-Topf

Reichlich 1 l Wasser oder Gemüsebrühe · 2 Tassen Roggen · 1 gehäufter Eßl. gekörnte Gemüsebrühe · 2 Stangen Lauch/Porree (etwa 250 g geputzt) · 1 gehäufter Teel. Kümmel · 1 gestrichener Teel. gemahlener Koriander · ½ Tasse trockener Rotwein, zum Beispiel französischer Landwein · 1 Becher saure Sahne (200 g) · Kräutersalz · Petersilie

Pro Portion etwa 1 000 Joule/240 Kalorien
Vorbereitungszeit: 5 Minuten (am Abend vorher)
Quellzeit: etwa 12 Stunden (über Nacht)
Zubereitungszeit: 10 Minuten
Garzeit: 25 Minuten

Am Vorabend das Wasser oder die Gemüsebrühe mit dem Roggen und der gekörnten Brühe in einen großen Topf geben und einmal aufkochen. Zugedeckt etwa 12 Stunden (über Nacht) quellen lassen.
Am nächsten Tag den gequollenen Roggen wieder zum Kochen bringen. Währenddessen die Lauchstangen putzen, einmal längs durchschneiden, gut waschen und in 1 cm breite Stücke schneiden. Die Lauchstücke zusammen mit den Gewürzen zu dem kochenden Roggen geben. In etwa 25 Minuten gar kochen. Den Topf vom Herd nehmen. Den Rotwein mit der sauren Sahne verquirlen und in die Suppe gießen. Mit Kräutersalz abschmecken und feingehackte Petersilie untermischen.

Variante: Roggen-Bohnen-Topf
Statt 250 g Lauch 500 g grüne Bohnen, frisch oder tiefgefroren, in etwa 1 cm lange Stücke schneiden. Vorbereitung und Zubereitung wie oben beschrieben. Statt mit Kräutersalz mit Selleriesalz und etwas schwarzem Pfeffer aus der Mühle abschmecken.

Das paßt als Dessert: Kiwi-Nuß-Quark (Rezept Seite 89) oder Erdbeer-Quarkcreme (Rezept Seite 90).

Bunter Weizenkörnertopf

1 ¼ l Wasser oder Gemüsebrühe · 2 Tassen Weizen · 1 Päckchen oder 2 Eßl. getrocknete Champignons · 250 g Möhren · 100 g enthülste frische oder tiefgefrorene grüne Erbsen · 1 gestrichener Eßl. gekörnte Gemüsebrühe · 2–3 gestrichene Teel. Kräutersalz · 3 Eßl. Tomatenmark · ½ Becher Sahne (100 g) · 1–2 Messerspitzen weißer Pfeffer · Petersilie

Pro Portion etwa 1 360 Joule/310 Kalorien
Vorbereitungszeit: 5 Minuten (am Abend vorher)
Quellzeit: etwa 12 Stunden (über Nacht)
Zubereitungszeit: 10 Minuten
Garzeit: 15 Minuten

Am Vorabend das Wasser oder die Gemüsebrühe mit dem Weizen und den Champignons in einen großen Topf geben, einmal aufkochen und zugedeckt etwa 12 Stunden (über Nacht) quellen lassen.
Am nächsten Tag den gequollenen Weizen und die Pilze wieder zum Kochen bringen. Währenddessen die Möhren putzen, waschen und in Würfel schneiden, zusammen mit den Erbsen, der gekörnten Brühe, dem Kräutersalz und dem Tomatenmark in die Suppe geben. In etwa 15 Minuten gar kochen. Den Topf vom Herd nehmen, die Sahne, den Pfeffer und feingehackte Petersilie daruntermischen und abschmecken.

Das paßt als Dessert: Aprikosenquark oder Erdbeer-Quarkcreme (Rezepte Seite 90).

Zuppa quattro

1 ¼ l Wasser oder Gemüsebrühe · ½ Tasse Weizen · ½ Tasse Nacktgerste · ½ Tasse Nackthafer · ½ Tasse Hirse · 250 g Möhren · ½ kleiner Kopf Blumenkohl (etwa 250 g) · 100 g frische Champignons · 100 g enthülste frische oder tiefgefrorene grüne Erbsen · 3 gestrichene Teel. Kräutersalz · 2 Messerspitzen geriebene Muskatnuß · 2 Eigelbe · ½ Becher Sahne (100 g) · Petersilie

Pro Portion etwa 1 435 Joule/340 Kalorien
Vorbereitungszeit: 5 Minuten (am Abend vorher)
Quellzeit: etwa 12 Stunden (über Nacht)
Zubereitungszeit: 10 Minuten
Garzeit: 15 Minuten

Am Vorabend das Wasser oder die Gemüsebrühe mit allen Körnern in einen großen Topf geben und einmal aufkochen. Zugedeckt etwa 12 Stunden (über Nacht) quellen lassen.
Am nächsten Tag die Körnermischung wieder zum Kochen bringen. Währenddessen das Gemüse putzen und waschen. Die Möhren in Würfel schneiden, den Blumenkohl in Röschen zerteilen (größere noch halbieren), die Champignons halbieren. Alles Gemüse mit dem Kräuter-

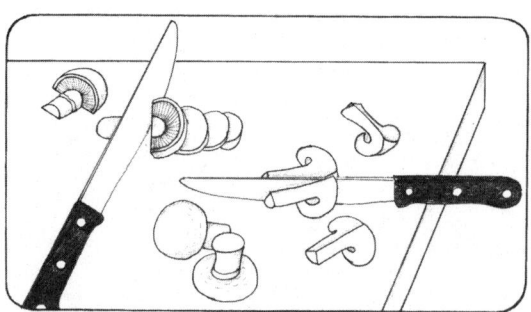

Kleine Champignons werden nur halbiert, größere schneidet man in Viertel oder Scheiben.

Suppen und Eintöpfe

salz und dem Muskat zu den kochenden Körnern geben. Die Suppe in etwa 10–15 Minuten gar kochen. Den Topf vom Herd nehmen. Die Eigelbe mit der Sahne verquirlen, in die nicht mehr kochende Suppe einrühren. Eventuell nochmals mit Kräutersalz abschmecken und reichlich feingehackte Petersilie untermischen.

Das paßt als Dessert: Kiwischaum (Rezept Seite 91) oder erfrischende Walnußsahne (Rezept Seite 92).

Zuppa mille fanti

Die bekannte italienische Suppe (mille fanti = tausend Flocken) schmeckt als Vollwertkost noch besser.

*1 Tasse Weizen · 2 Tassen Wasser ·
1 gestrichener Eßl. gekörnte Gemüsebrühe ·
1 l Wasser oder Gemüsebrühe · 4 Eier ·
2 gehäufte Eßl. frisch geriebener Parmesankäse ·
1 Handvoll frische Kräuter, zum Beispiel
Petersilie, Liebstöckel, Brennessel, auch junge
Spinatblätter · Kräutersalz*

Pro Portion etwa 810 Joule/195 Kalorien
Vorbereitungszeit: 5 Minuten (am Abend vorher)
Quellzeit: etwa 12 Stunden (über Nacht)
Zubereitungszeit: 10 Minuten

Am Vorabend den Weizen mit 2 Tassen Wasser und der gekörnten Brühe in einen Topf geben und 3 Minuten kochen. Zugedeckt etwa 12 Stunden (über Nacht) quellen lassen.
Am nächsten Tag 1 l Wasser oder Gemüsebrühe zum Kochen bringen. Währenddessen die Weizenkörner mit dem Einweichwasser, den Eiern und dem Parmesankäse in den Mixer füllen. Mixen, bis die Körner fein zerkleinert sind (Mixer

dabei mehrmals zwischendurch ausschalten). Sobald das Wasser oder die Brühe kocht, den Inhalt des Mixers hineingießen, unter Rühren mit dem Schneebesen wieder aufkochen, etwa 2 Minuten unter Rühren kochen (nicht länger). Die Kräuter von den gröbsten Stengeln befreien, unzerkleinert mit 1 Tasse Wasser in den Mixer geben, feinmixen und in die nicht mehr kochende Suppe gießen (Brennesseln und Spinat kann man auch ganz kurz mitkochen lassen). Die Suppe mit Kräutersalz abschmecken.

Das paßt als Dessert: Birnen mit Schokoladensauce (Rezept Seite 94) oder Erdbeerbrote (Rezept Seite 86) oder Apfelsahne (Rezept Seite 92).

Bunter Gersteneintopf

*50 g Sojamarkwürfel · 2 Eßl. getrocknete
Steinpilze · 50 g Azukibohnen · reichlich
1 l Wasser oder Gemüsebrühe ·
250 g Kartoffeln · 1 Bund Suppengrün ·
4 gehäufte Eßl. Nacktgerste · 2 gestrichene Eßl.
gekörnte Gemüsebrühe · 1 gestrichener Teel.
edelsüßes Paprikapulver · 2 Messerspitzen
schwarzer Pfeffer · 1 Becher saure Sahne
(200 g) · 1 gestrichener Teel. getrocknete
Pfefferminze oder 1 gehäufter Teel. frisches,
feingehacktes Pfefferminzkraut ·
2 Messerspitzen Piccata · Petersilie ·
Liebstöckel · Kräutersalz*

Pro Portion etwa 1 090 Joule/260 Kalorien
Vorbereitungszeit: 5 Minuten (am Abend vorher)
Quellzeit: etwa 12 Stunden (über Nacht)
Zubereitungszeit: 20 Minuten

Am Vorabend das Sojamark, die Pilze und die Bohnen in einen weiten Topf geben, mit Wasser bedecken und einmal aufkochen. Zugedeckt etwa 12 Stunden (über Nacht) quellen lassen. Am nächsten Tag das Wasser oder die Gemüsebrühe in den Topf mit den eingeweichten Zutaten gießen, wieder zum Kochen bringen und 10 Minuten kochen. Währenddessen die Kartoffeln gut bürsten (siehe Seite 12) und würfeln. Das Suppengrün putzen, waschen und zerkleinern. Die Gerste grobschroten. Kartoffelwürfel, Suppengrün und Gerstenschrot zusammen mit der gekörnten Brühe, dem Paprikapulver und dem Pfeffer zur kochenden Suppe geben, in gut 5 Minuten gar kochen. Den Topf vom Herd nehmen. Den Eintopf mit der verquirlten sauren Sahne, der Pfefferminze (getrocknete Blättchen mit den Fingern zerreiben), dem Piccata und feingehackten Kräutern mischen. Mit Kräutersalz abschmecken.

Das paßt als Dessert: Vitamin- oder Fruchtjoghurt (Rezept Seite 86) oder Apfelschaum (Rezept Seite 91) oder Apfelsahne (Rezept Seite 92) oder frisches Obst.

Bei den folgenden Eintopfgerichten dürfen Sie das Einweichen und Vorkochen vergessen. Frisch geschrotetes Getreide ist schnell gar und gibt allen Speisen einen feinen nußartigen und doch würzigen Geschmack.

Champignontopf

2 Eßl. Butter · 1 große Zwiebel · 1 Bund Petersilie · 100 g frische Champignons · Kräutersalz · 1 Messerspitze weißer Pfeffer · Saft von gut ½ Zitrone · 1¼ l Wasser oder Gemüsebrühe · 1 Bund frisches oder 1 kleines Päckchen tiefgefrorenes Suppengrün · 1 Tasse Weizen · ½ Becher Sahne (100 g) · eventuell etwas Weißwein

Pro Portion etwa 1 005 Joule/240 Kalorien
Zubereitungszeit: 20 Minuten

Die Butter in einer Pfanne zerlassen. Die Zwiebel schälen, feinschneiden und in der Butter bei schwacher Hitze glasig braten. Inzwischen die Petersilie hacken, die Champignons putzen, waschen und in Scheiben schneiden, zur Zwiebel in die Pfanne schütten, dazu 1 Teelöffel Kräutersalz, den Pfeffer, die Hälfte der Petersilie und den Saft von ½ Zitrone (etwas Zitronensaft zurückbehalten). Alles zusammen etwa 10 Minuten dünsten, dabei ab und zu umrühren. Währenddessen das Wasser oder die Brühe zum Kochen bringen. Das frische Suppengrün putzen, waschen und zerkleinern. Den Weizen grobschroten. Das Suppengrün (tiefgefrorenes unaufgetaut) und den Weizenschrot zu der Flüssigkeit in den Topf schütten, umrühren. Alles in etwa 10 Minuten bei schwacher Hitze gar kochen (Vorsicht, kocht leicht über!). Die Suppe vom Herd nehmen. Die gedünsteten Champignons und die Sahne zufügen. Mit Kräutersalz, Zitronensaft und eventuell etwas Weißwein abschmecken. Die restliche Petersilie untermischen.

Das paßt als Dessert: Erdbeer-Quarkcreme (Rezept Seite 90).

Roggen-Rosenkohl-Topf

1¼ l Wasser oder Gemüsebrühe · 500 g Rosenkohl · 3–4 gestrichene Teel. Kräutersalz · 2 gehäufte Eßl. Roggen · 2 gehäufte Eßl. Weizen · 1 gestrichener Teel. Delikata · 1 gestrichener Teel. edelsüßes Paprikapulver · 1 Messerspitze Muskatblüte (Macis) · 3 gehäufte Eßl. Edelhefeflocken · ½ Becher Sahne (100 g) · frische Kräuter, zum Beispiel Petersilie, Schnittlauch oder Liebstöckel

Pro Portion etwa 850 Joule/205 Kalorien
Zubereitungszeit: 20 Minuten

Das Wasser oder die Brühe in einem großen Topf zum Kochen bringen. Währenddessen den Rosenkohl putzen, waschen, die Röschen längs halbieren und mit dem Kräutersalz in das kochende Wasser geben. In etwa 5–10 Minuten gar kochen. Den Roggen und den Weizen mittelfein schroten. Den Schrot unter Rühren in die kochende Suppe einstreuen, noch 2–3 Minuten kochen. Die Gewürze zufügen. Den Eintopf mit den Hefeflocken und der Sahne verfeinern und feingehackte Kräuter dazugeben. Nochmals mit Kräutersalz abschmecken.

Variante: Roggen-Wirsing-Topf
Genauso fein schmeckt es, wenn Sie statt Rosenkohl 500 Wirsing verwenden. Den Wirsing von groben Blättern befreien, vierteln, Strunk entfernen. Die guten Wirsingblätter in Vierecke schneiden, wie auf Seite 13 beschrieben. Den Wirsing mit dem Wasser nur 5 Minuten kochen, sonst wie oben.

Das paßt als Dessert: erfrischende Walnußsahne (Rezept Seite 92) oder falsche Spiegeleier (Rezept Seite 91) oder Schoko-Obstsalat (Rezept Seite 85).

Spinateintopf mit Ei

Mit tiefgefrorenem Spinat ein sehr schnelles Gericht – mit frischem Spinat allerdings schmackhafter!

500 g frischer Spinat oder 400 g tiefgefrorener passierter Spinat · ½ l Milch · 2 gestrichene Teel. Kräutersalz · 2 Messerspitzen geriebene Muskatnuß · 1 Messerspitze schwarzer Pfeffer · 3 gehäufte Eßl. Edelhefeflocken · ½ l Wasser ·

1 gestrichener Eßl. gekörnte Gemüsebrühe · 1 Tasse gelbes Maismehl oder feiner Maisgrieß · 2 gestrichene Eßl. Sojamehl · Petersilie · 4 Eier

Pro Portion etwa 1 515 Joule/360 Kalorien
Vorbereitungszeit: tiefgefrorenen Spinat etwa 1 Stunde antauen lassen
Zubereitungszeit: 15 Minuten

Den frischen Spinat putzen, gründlich waschen, einige Blätter zurücklassen. Inzwischen in einem weiten Topf 2–3 Tassen Wasser aufkochen und die vorbereiteten Spinatblätter darin 1 Minute stark kochen lassen, bis sie zusammenfallen. Dann auf einem Sieb abtropfen lassen. (Tiefgefrorenen Spinat antauen lassen.) Den abgetropften Spinat mit der Milch, dem Kräutersalz, den Gewürzen sowie der Edelhefe in den Mixer füllen und feinmixen. ¼ l Wasser mit der gekörnten Brühe in einem weiten Topf zum Kochen bringen. Das Maismehl und das Sojamehl mit ¼ l Wasser anrühren. Sobald das Wasser im Topf kocht, das Mehl-Wasser-Gemisch unter Rühren hineingießen und ein paarmal kurz aufkochen. Den Inhalt des Mixers (oder tiefgefrorenen Spinat, Milch, Kräutersalz, Gewürze und Hefeflocken) in den kochenden Mehlbrei gießen, wieder aufkochen, dabei öfter umrühren. Sobald die Masse brodelt, den Deckel schließen (es spritzt) und noch 1–2 Minuten kochen. Die zurückgelassenen frischen Spinatblätter und Petersilie feinhacken und in die nicht mehr kochende Suppe geben. Nochmals mit Kräutersalz abschmecken. Die Eier während der Zubereitungszeit der Suppe in einem kleinen Topf 6–8 Minuten kochen, kalt abschrecken, schälen, einmal längs durchschneiden. Mit der Schnittfläche nach oben auf die fertige Spinatsuppe legen.

Das paßt als Dessert: Apfelgelee mit Schlagsahne (Rezept Seite 84) oder Kiwischaum (Rezept Seite 91) oder frisches Obst.

Körner-Gerichte

Aus den meisten Getreidearten lassen sich kräftig-herzhafte Gerichte mit ganzen Körnern zubereiten, die mit raffinierten Zutaten herrlich schmecken. Die Hirse eignet sich mehr für Zartes und Feines. Jedes Korn hat seinen eigenen Charakter. Manche vermitteln ein ganz neues und angenehmes Kau-Erlebnis. Entdecken und erschließen Sie mit den Zähnen und dem Gaumen den charakteristischen Wohlgeschmack der einzelnen Getreidearten.

Das Vollgetreide ist ein wesentlicher Bestandteil der Vollwertküche, da sich im Getreidekorn alle wichtigen Wertstoffe konzentriert finden, die wir für eine gesunde und vollwertige Ernährung brauchen. Was bei den einzelnen Getreidearten Besonderes hervorzuheben und zu beachten ist, finden Sie in der »Vollwert-Warenkunde« auf Seite 96 ff. unter den Stichworten Buchweizen, Dinkel, Grünkern, Hirse, Mais, Nacktgerste, Nackthafer, Naturreis, Roggen und Weizen. Näheres über die Aufbewahrung von Getreidekörnern können Sie auf Seite 100 nachlesen.

Zur Küchentechnik: Die harten Körner bedürfen einer Vorbehandlung, damit sie am Tag der Zubereitung schnell gar sind. Hier können Sie auch einmal den Schnellkochtopf einsetzen, wenn Sie das Quellen oder Vorkochen am Abend vorher vergessen haben (siehe Seite 27). Besser und natürlicher ist es jedoch, wenn man den Getreidekörnern etwas Zeit zum Garwerden läßt.
Auf den Seiten 27, 28 und 29 finden Sie noch einige Eintöpfe mit ganzen Körnern.

Weizenküchle
Bild Umschlag-Vorderseite

*2 Tassen Weizen · 4 Tassen Wasser ·
1 gehäufter Eßl. getrocknetes Suppengrün ·
3 gestrichene Teel. Kräutersalz · 1 Teel. frisches,
feingehacktes oder getrocknetes, gerebeltes*
*Basilikum · 40 g geschälte Walnüsse · 150 g
Goudakäse · 3 Eier · 1 Tasse Vollkornbrösel
(Graham-Paniermehl) · 2 gehäufte Eßl.
Edelhefeflocken · 1 Messerspitze schwarzer
Pfeffer · Margarine zum Braten*

Pro Portion etwa 2360 Joule/560 Kalorien
Vorbereitungszeit: 5 Minuten (am Abend vorher)
Quellzeit: etwa 12 Stunden (über Nacht)
Zubereitungszeit: 25 Minuten

Am Vorabend den Weizen, das Wasser, das Suppengrün, das Kräutersalz und das Basilikum zusammen in einen Topf geben, 2 Minuten kochen. Zugedeckt etwa 12 Stunden (über Nacht) quellen lassen.

Am nächsten Tag den Weizen wieder aufkochen und in etwa 10 Minuten weich kochen. Während der Weizen kocht, die Nüsse und den Käse grobreiben. Die Weizenkörner auf einem Sieb abtropfen lassen. Das Kochwasser auffangen und nach Wunsch als Trinkbrühe zum Essen servieren. Die Körner mit den Nüssen, dem Käse, den Eiern, den Vollkornbröseln, den Hefeflocken und dem Pfeffer in eine Schüssel geben und gut mischen (geht am schnellsten und besten mit der Hand). Inzwischen Margarine in einer Pfanne heiß werden lassen. Mit einem Eßlöffel Häufchen vom Küchleteig in die Pfanne geben, zugedeckt bei mittlerer Hitze 5 Minuten braten, vorsichtig wenden, nochmals 5 Minuten zugedeckt braten.

Das paßt dazu: Apfel-Sellerie-Salat (Rezept Seite 80) oder grüner Salat (Rezept Seite 76), Tomatensalat oder Gurkensalat (Rezepte Seite 77).

Das paßt als Dessert: heiße Bananen (Rezept Seite 95) oder Äpfel in Nußsauce (Rezept Seite 93) oder Obst und Käse (Rezept Seite 84).

Tip: Die Küchle schmecken auch kalt, zum Beispiel auf Wanderungen oder bei der Arbeit; auch fürs kalte Buffet sind sie gut geeignet.

Variante: Gefülltes Gemüse (siehe Bild auf dem Einband)

Gurken, Zucchini oder Auberginen längs halbieren, mit einem Eßlöffel aushöhlen, etwas gekörnte Brühe und Pfeffer hineinstreuen. Mit der ausgehöhlten Seite nach oben in eine große Deckelpfanne legen, etwas Wasser oder Kochwasser von den Körnern auf den Boden der Pfanne gießen. Das Gemüse zugedeckt 5–10 Minuten vordünsten. Die Körnermasse einfüllen, nochmals 5–10 Minuten zugedeckt dünsten. Mit feingehackten Kräutern bestreut servieren. Oder von Tomaten einen Deckel abschneiden, das Fruchtfleisch mit einem Teelöffel herausnehmen, die Körnermasse einfüllen. Die Tomaten wie oben in etwa 10 Minuten zugedeckt gar dünsten. Das ausgelöste Fruchtfleisch der Tomaten kann man als Sauce mitgaren.

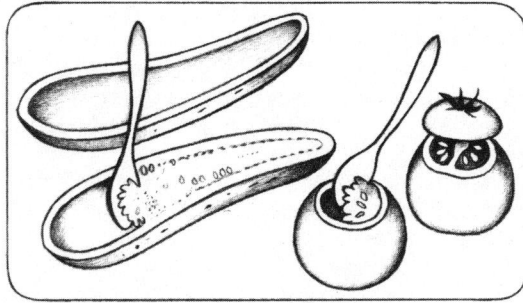

Gurken oder Tomaten höhlt man je nach Größe mit einem Tee- oder Eßlöffel (mit möglichst scharfer Kante) aus.

Haferküchle »Kraftspender«

2 Tassen Nackthafer · 4 Tassen Wasser oder Gemüsebrühe · 1 gestrichener Eßl. gekörnte Gemüsebrühe · je 1 Teel. frisches, feingehacktes oder getrocknetes, gerebeltes Basilikum und Rosmarin · 100 g Camembertkäse · 100 g Hüttenkäse · 1 Ei und 2 Eigelbe oder 2 Eier · 6–7 leicht gehäufte Eßl. Schmelzflocken oder zarte Haferflocken · Kräutersalz · Butter und Öl zum Braten

Pro Portion etwa 2215 Joule/525 Kalorien
Vorbereitungszeit: 10 Minuten (am Abend vorher)
Quellzeit: etwa 12 Stunden (über Nacht)
Zubereitungszeit: 15–20 Minuten

Am Vorabend den Hafer mit dem Wasser oder der Gemüsebrühe, der gekörnten Brühe und den Kräutern 5 Minuten kochen, dann etwa 12 Stunden (über Nacht) zugedeckt quellen lassen.

Am nächsten Tag die Körner auf ein Sieb schütten und abtropfen lassen. Den Camembert in Stückchen schneiden und zusammen mit dem Hüttenkäse, dem Ei, den Eigelben und den Haferflocken zu den Haferkörnern geben. Alles gut mischen und mit Kräutersalz abschmecken. Inzwischen Butter und Öl in einer Pfanne erhitzen. Mit einem Eßlöffel Häufchen vom Teig in die Pfanne geben. 5 Minuten zugedeckt bei mittlerer Hitze braten, vorsichtig wenden und nochmals 5 Minuten zugedeckt braten.

Das paßt dazu: Chinakohlsalat (Rezept Seite 78) oder Sauerkrautsalat (Rezept Seite 83) oder Weißkohlsalat (Rezept Seite 82).

Das paßt als Dessert: Kiwischaum oder Schoko-Kleie-Schaum (Rezepte Seite 91).

Variante: Die Körnermasse eignet sich auch gut zum Füllen von Gemüse (siehe Rezept Seite 57).

Kalifornischer Reis und Bananengemüse sind nicht all- ▷
täglich und passen sehr gut zusammen. Rezepte Seite
59 und 55.

Bulgarische Hirtenvesper

Bild Umschlag-Rückseite

*2 Tassen Buchweizen · 4 Tassen Wasser ·
1 kleine Zwiebel oder Schalotte · ½ Bund
Schnittlauch · 200 g gesalzener Schafkäse ·
1 gestrichener Teel. edelsüßes Paprikapulver ·
2 Eier · Öl oder Margarine zum Braten*

Pro Portion etwa 2260 Joule/540 Kalorien
Vorbereitungszeit: 5 Minuten
Quellzeit: mindestens 2 Stunden (oder über
Nacht)
Zubereitungszeit: 20 Minuten

Am Vorabend oder spätestens 2 Stunden vor
dem Kochen den Buchweizen mit dem Wasser
2 Minuten kochen und zugedeckt quellen lassen.
Wenn die Körner gequollen sind, die Zwiebel
oder Schalotte schälen und feinschneiden, den
Schnittlauch waschen und feinschneiden. Den
Schafkäse in einer Schüssel mit einer großen
Gabel zerdrücken. Den Buchweizen zufügen
und mitzerdrücken. Die zerkleinerte Zwiebel und
den Schnittlauch, das Paprikapulver und die Eier
zur Körnermasse geben und alles zusammen mit
der Gabel gut verkneten. Öl oder Margarine in einer Pfanne erhitzen. Mit nassen Händen große
Frikadellen formen. 5 Minuten zugedeckt braten,
wenden und nochmals 5 Minuten zugedeckt braten.

Das paßt dazu: Sauerkrautsalat oder Sauerkraut-Lauch-Salat mit Mayonnaise (Rezepte Seite 83) oder Apfel-Zwiebel-Salat (Rezept Seite 80).

Das paßt als Dessert: Bananenbecher Amanda
(Rezept Seite 95) oder Äpfel in Nußsauce (Rezept Seite 93) oder Orangenflip (Rezept Seite 95).

Kascha mit Rahmguß

*2 Tassen Kascha (gerösteter Buchweizen) ·
4 Tassen Wasser · 1 gestrichener Teel.
Kochsalz oder Meersalz · 2 Eier ·
1–2 Schalotten oder 1 kleine Zwiebel · 3 Eßl. Öl ·
25 g Butter · 2 Becher saure Sahne (400 g) ·
2 gestrichene Teel. Kräutersalz · 1 Bund
Schnittlauch*

Pro Portion etwa 1445 Joule/345 Kalorien
Zubereitungszeit: 25 Minuten

Die Kascha mit dem Wasser und dem Salz 5 Minuten kochen und 10 Minuten zugedeckt stehen
lassen. Inzwischen die Eier 6 Minuten kochen,
abschrecken und schälen. Die Schalotten oder
die Zwiebel schälen und halbieren. Das Öl und
die Butter in einer Pfanne erhitzen. Die Kascha
eßlöffelweise in das Fett geben und unter häufigem Wenden goldbraun braten (etwa 5–10 Minuten). Inzwischen die vorbereiteten Eier und
Zwiebeln, die saure Sahne und das Kräutersalz
in den Mixer füllen und feinmixen. Oder die Eier
und Zwiebeln feinhacken, mit der sauren Sahne
und dem Kräutersalz gut mischen. Den Schnittlauch feinschneiden und unter die Sahne- oder
Rahmsauce mischen. In eine Glaskanne füllen
und zur Kascha servieren. Beim Essen wird die
Sauce über die Kascha gegossen.

Das paßt dazu: Salzgurken (milchsaure Gurken)
oder Sauerkrautsalat (Rezept Seite 83) und ech-
ter russischer Tee (mit dem rauchigen Geschmack).

Das paßt als Dessert: Birnen mit Schokoladensauce oder Birnen mit Schoko-Krokant (Rezepte Seite 94) oder russischer Quark (Rezept Seite 91).

Variante I: Statt Kascha können Sie auch Buch-

weizengrütze oder ganze Buchweizenkörner nehmen. Grütze wie bei Kascha beschrieben kochen. Ganze Körner 5 Minuten kochen, 1 Stunde zugedeckt quellen lassen oder 10 Minuten kochen und 15 Minuten quellen lassen.

Variante II: Es geht noch schneller und das Gericht wird leichter bekömmlich, wenn Sie die Kascha oder den Buchweizen nicht braten.

Würzige Roggenkörner

200 g Roggen · 100 g Azukibohnen · 2 Teel. Kümmel · 1 gestrichener Eßl. gekörnte Gemüsebrühe · ¾ l Wasser · 3 große Zwiebeln · 50 g Butter · 200 g Emmentaler Käse · etwas Kräutersalz · frisch gemahlener schwarzer Pfeffer · Petersilie · Schnittlauch

Pro Portion etwa 2 160 Joule/515 Kalorien
Vorbereitungszeit: 5 Minuten (am Abend vorher)
Quellzeit: etwa 12 Stunden (über Nacht)
Zubereitungszeit: 25 Minuten

Am Vorabend den Roggen, die Azukibohnen, den Kümmel und die gekörnte Brühe mit dem Wasser einmal aufkochen. Zugedeckt etwa 12 Stunden (über Nacht) quellen lassen. Am nächsten Tag den Roggen und die Bohnen im Einweichwasser in etwa 20 Minuten gar kochen. Inzwischen die Zwiebeln schälen, längs halbieren und quer in dünne Scheiben schneiden. Die halben Zwiebelringe in der Butter goldbraun braten. Den Käse grobreiben. Den Roggen, wenn er gar ist, auf einem Sieb kurz abtropfen lassen und in eine vorgewärmte Schüssel schütten. Mit den gebratenen Zwiebeln mischen, mit Kräutersalz und Pfeffer abschmecken. Kurz vor dem Servieren den geriebenen Käse und feingeschnittene Kräuter untermischen.

Das paßt dazu: Apfel-Zwiebel-Salat (Rezept Seite 80) oder Tomatensalat (Rezept Seite 77) oder Endivien-, Zichorien- oder Feldsalat (Rezept Seite 76).

Das paßt als Dessert: Äpfel mit Vanillesauce (Rezept Seite 93) oder Plantagenquark (Rezept Seite 90).

Roggen in saurer Sahne

2 Teel. Kümmel · 1 Teel. Fenchelsamen · 200 g Roggen · 1 gestrichener Eßl. gekörnte Gemüsebrühe · ¾ l Wasser · 1 Bund Schnittlauch oder Petersilie · 2 Becher saure Sahne (400 g) · 2 Teel. frisches, feingehacktes oder getrocknetes, gerebeltes Basilikum · 2 gestrichene Teel. edelsüßes Paprikapulver · 2 gestrichene Teel. Kräutersalz · 1 Messerspitze schwarzer Pfeffer

Pro Portion etwa 1 210 Joule/290 Kalorien
Vorbereitungszeit: 5 Minuten (am Abend vorher)
Quellzeit: etwa 12 Stunden (über Nacht)
Zubereitungszeit: 20 Minuten

Am Vorabend den Kümmel und den Fenchel in der Getreidemühle oder in einer Gewürzmühle feinmahlen oder gemahlene Gewürze verwenden. Den Roggen mit dem gemahlenen Kümmel und Fenchel, der gekörnten Brühe und dem Wasser einmal aufkochen. Zugedeckt etwa 12 Stunden (über Nacht) quellen lassen. Am nächsten Tag die Körner im Einweichwasser in etwa 20 Minuten gar kochen. Inzwischen den Schnittlauch oder die Petersilie waschen und feinschneiden. Die saure Sahne mit dem Schnittlauch oder der Petersilie, dem Basilikum, dem Paprikapulver, dem Kräutersalz und dem Pfeffer verrühren. Die Roggenkörner, sobald sie gar sind, auf einem Sieb kurz abtropfen lassen, in eine gut vorgewärmte Schüssel schütten und mit der gewürzten sauren Sahne übergießen.

Das paßt dazu: Apfel-Käse-Salat (Rezept Seite 81).

Das paßt als Dessert: Äpfel in Nußsauce (Rezept Seite 93) oder heiße Bananen (Rezept Seite 95).

Tip: Die Servierschüssel sollte gut vorgewärmt sein, da die Körner in der kalten Rahmsauce sonst rasch abkühlen. Am besten, Sie stellen eine Edelstahl-Servierschüssel auf den umgedrehten Topfdeckel, solange der Roggen kocht.

Variante: Weizen in delikatem Rahm
Weizen wie oben beschrieben – jedoch ohne Kümmel und Fenchel – vorquellen und gar kochen. Die saure Sahne (Rahm) statt mit Paprikapulver mit Delikata abschmecken. Statt saurer Sahne können Sie eventuell auch Crème fraîche verwenden.

Am Vorabend den Grünkern, die Steinpilze und das Wasser oder die Gemüsebrühe in einen großen Topf geben und etwa 12 Stunden (über Nacht) zugedeckt quellen lassen.
Am nächsten Tag alles zusammen zum Kochen bringen. Die Pilze noch einmal mit einem Schaumlöffel herausnehmen (sie schwimmen oben), etwas zerschneiden und wieder in den Topf zurückgeben. Das Suppengrün putzen, waschen und zerkleinern. Die Petersilie hacken. Das Suppengrün, die Hälfte der Petersilie, das Kräutersalz und den Pfeffer zufügen. Alles in etwa 20 Minuten gar kochen. Den Topf vom Herd nehmen. Die Crème fraîche mit dem Delikata verquirlen und in die Suppe gießen, abschmekken und die restliche Petersilie unterrühren. Nach Wunsch (während der Eintopf kocht) die Zwiebel schälen, grob zerkleinern, in Butter goldbraun braten und unter das fertige Gericht mischen.

Das paßt als Dessert: Obst und Käse (Rezept Seite 84) oder Erdbeer-Quarkcreme (Rezept Seite 90).

Grünkern-Pilz-Topf

2 Tassen Grünkern (ganze Körner) · 2 Päckchen oder 4 Eßl. getrocknete Steinpilze · 1¼ l Wasser oder Gemüsebrühe · 1 Bund Suppengrün · 1 Bund Petersilie · 2–3 gestrichene Teel. Kräutersalz · 1 Messerspitze schwarzer Pfeffer · etwa 150 g Crème fraîche · ½ Teel. Delikata · eventuell 1 Zwiebel und etwas Butter

Pro Portion etwa 1 800 Joule/430 Kalorien
Quellzeit: etwa 12 Stunden (über Nacht)
Zubereitungszeit: 10 Minuten
Garzeit: 20 Minuten

Hirsotto

¾ l Wasser oder Gemüsebrühe · 1 gestrichener Eßl. gekörnte Gemüsebrühe · 250 g Möhren · 200 g Hirse · 200 g frische oder tiefgefrorene grüne Erbsen · eventuell 4 Eier · 200 g Goudakäse · Petersilie · 1 Eßl. frisches, feingehacktes Basilikum · 2 Eßl. Butter · Kräutersalz

Pro Portion etwa 1 445 Joule/345 Kalorien
Zubereitungszeit: 25 Minuten

Das Wasser oder die Gemüsebrühe mit der gekörnten Brühe in einem großen Topf zum Kochen bringen. Die Möhren putzen, waschen und feinwürfeln. Die Möhrenwürfel und die Hirse in den Topf schütten und alles 10 Minuten zugedeckt kochen. Dann die Erbsen zufügen und noch knapp 10 Minuten zugedeckt bei schwacher Hitze weiterkochen. Inzwischen eventuell die Eier 6–8 Minuten kochen und abschrecken. Den Käse grobreiben, Petersilie waschen und feinhacken. Sobald die Hirse und das Gemüse gar sind, den Topf vom Herd nehmen. Den geriebenen Käse, Petersilie, das Basilikum und die Butter vorsichtig unter die Hirse mischen. Mit Kräutersalz abschmecken. Eventuell die Eier schälen, längs halbieren und dazu servieren.

Das paßt dazu: grüner Salat (Rezept Seite 76).

Das paßt als Dessert: Vitamin- oder Fruchtjoghurt (Rezepte Seite 86).

Tip: Falls kein frisches Basilikum zu bekommen ist, 1 Eßlöffel getrocknetes gerebeltes Kraut von Anfang an mitkochen.
Sollte sich das Mittagessen verzögern, dann stellen Sie den geriebenen Käse, die Kräuter und die Butter bereit und mischen sie erst ganz kurz vor dem Servieren unter das fertige Gericht. Das schmeckt in diesem Fall besser.

Rührei spezial – mit Hirse

*4 Tassen Wasser · 4 gestrichene Teel.
Kräutersalz · 3 gestrichene Teel. Delikata ·
2 Messerspitzen Muskatblüte (Macis) ·
2 Tassen Hirse · 8 Eier · knapp ½ l Milch und
Sahne gemischt · etwas Butter · 250 g
Tomaten · 75 g Pumpernickel (1½ große
Scheiben) oder ganz dunkles Vollkornbrot ·
2 Bunde Schnittlauch*

Pro Portion etwa 1975 Joule/470 Kalorien
Zubereitungszeit: 20 Minuten

Das Wasser mit 2 Teelöffeln Kräutersalz, 1 Teelöffel Delikata und 1 Messerspitze Muskatblüte in einer großen Deckelpfanne zum Kochen bringen. Die Hirse einstreuen, umrühren und 10 Minuten zugedeckt kochen lassen. Dann wieder umrühren, glattstreichen, die Herdplatte ausschalten und die Hirse zugedeckt quellen lassen. Die Eier mit dem Milch-Sahne-Gemisch, 2 Teelöffeln Kräutersalz, 2 Teelöffeln Delikata und 1 Messerspitze Muskatblüte verquirlen. In einer zweiten Pfanne Butter zerlaufen lassen, aus der Eimasse Rührei darin bereiten. Inzwischen die Tomaten waschen und in Scheiben schneiden. Das Brot etwas zerbrechen und zwischen den Handflächen zerbröseln. Den Schnittlauch waschen und feinschneiden. Das Rührei auf der Hirse gleichmäßig verteilen. Die Tomatenscheiben kreuzweise auf das Rührei legen, in je zwei gegenüberliegende Felder Brotbrösel beziehungsweise Schnittlauch streuen.

Das paßt dazu: Gurkensalat (Rezept Seite 77) oder grüner Salat (Rezept Seite 76).

Das paßt als Dessert: Buttermilchkaltschale (Rezept Seite 95) oder russischer Quark (Rezept Seite 91).

Variante: Man kann das Gericht noch schneller und sparsamer garniert zubereiten. Die Tomaten in Würfel schneiden, unter die rohe Eimasse mischen. Tomatenrührei daraus herstellen, auf der Hirse anrichten und mit feingeschnittenem Schnittlauch (nur 1 Bund) bestreuen.

Feine Getreidespeisen

Gemahlenes Getreide hat den Vorteil, ganz schnell gar zu sein. Die ganze Geschmacksfülle teilt sich sofort dem Gaumen mit.

Ganze Getreidekörner können Sie sehr gut aufbewahren, ohne daß die Qualität leidet oder Wertstoffe verlorengehen. Gemahlenes Getreide ist dagegen äußerst empfindlich, es verliert sein Aroma schon nach kurzer Zeit, die enthaltenen Keimöle mit ihren ungesättigten Fettsäuren und alle anderen Wertstoffe (Vitamine, Fermente) leiden unter der Einwirkung des Luftsauerstoffes. Deshalb werden beim Auszugsmehl ja mit dem Keim und den Randschichten diese Bestandteile des Korns entfernt, um es haltbar zu machen. Für die Vollwertküche ist es also sehr wichtig, das Getreide immer vor der Zubereitung frisch zu mahlen. Eine Getreidemühle ist daher für konsequente Vollwert-Köche fast unerläßlich. Ich habe in diesem Buch zwar viele Gerichte aufgeschrieben, bei denen Sie ohne Mühle auskommen (für den Anfang kann man sich auch in vielen Reformhäusern und Naturkostläden kleine Mengen Getreide frisch mahlen lassen). Wissenswertes zur Anschaffung einer Getreidemühle steht auf Seite 11.

Zum Schluß noch ein Tip, wie Sie das köstliche Aroma frisch gemahlenen Vollkornmehls möglichst oft genießen können:
Nehmen Sie zum Andicken von Saucen aller Art in Zukunft etwas frisch gemahlenes Getreide. Sie brauchen es nicht einmal vorher anzurühren. Streuen Sie es langsam ein und rühren Sie mit einem Schneebesen, während die Sauce 1–2 Minuten kocht. Sie werden den kräftigen Geschmack und die leichte Handhabung nicht mehr missen wollen, und für die Gesundheit haben Sie auch etwas getan. Lediglich für ganz feine süße Saucen wäre Kuzu oder Wildpfeilwurzelmehl als natürliche Stärke zu empfehlen.
Auf den Seiten 22, 24, 26, 29, 30, 31, 54, 62 und 65 gibt es in diesem Buch noch weitere Rezepte mit gemahlenem Getreide.

Blini

Diese russische Spezialität ist ein schnelles und gesundes Essen, das Auge und Gaumen erfreut. Wer Kalorien sparen will, nimmt statt Crème fraîche saure Sahne oder mit Milch verrührten Magerquark.

2 Tassen Buchweizen · ½ Würfel Hefe (20 g) · reichlich ¼ l lauwarme Milch · 4 Eier · 1 gestrichener Teel. Kochsalz oder Meersalz · 100 g Emmentaler Käse · 1 Becher Crème fraîche (200 g) · Öl zum Braten · frisch gemahlener schwarzer Pfeffer

Pro Portion etwa 2 880 Joule/685 Kalorien
Zubereitungszeit: 20 Minuten

Den Buchweizen mehlfein mahlen. Das Mehl in eine Schüssel schütten und mit der zerbröckelten Hefe, der lauwarmen Milch, 2 Eiern und dem Salz mit einem Schneebesen gut verrühren. Den Käse feinreiben und mit der Crème fraîche mischen. 2 Eier 8 Minuten kochen und abschrekken. Inzwischen Öl in einer Pfanne erhitzen, den Teig so hineingießen, daß pro Pfanne 4 Küchle gebraten werden. Die Blinis auf jeder Seite in

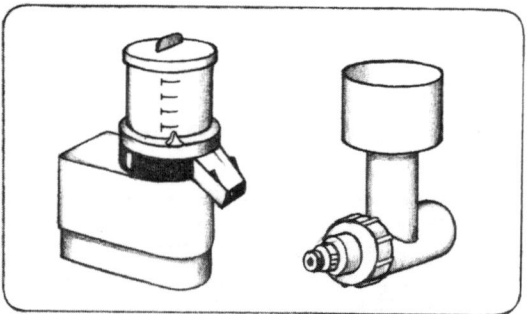

Es gibt heute schon viele Haushalts-Getreidemühlen für Hand- oder Elektrobetrieb, außerdem Mahlwerkvorsätze für zahlreiche Küchenmaschinen.

Feine Getreidespeisen

etwa 2 Minuten knusprig braten. Inzwischen die gekochten Eier schälen und hacken. Die Eiwürfel unter die Crème fraîche mit dem Käse mischen und mit etwas frisch gemahlenem Pfeffer abschmecken. Diese Creme streicht man bei Tisch auf die Blinis. Die Blinis müssen schön heiß serviert werden.

Das paßt dazu: Rote-Rüben-Salat (Rezept Seite 79).

Das paßt als Dessert: brennende Himbeeren (Rezept Seite 94) oder Erdbeer-Quarkcreme (Rezept Seite 90).

Variante I: Die Blinis schmecken auch gut und etwas milder, wenn sie aus ½ Weizen und ½ Buchweizen zubereitet werden.

Variante II: Die Crème fraîche, den geriebenen Käse und die gehackten Eier in getrennten Schälchen auf den Tisch stellen. Von jedem etwas auf den Teller nehmen und abwechselnd zu den Blinis essen. Eigentlich gehört noch ein Schälchen mit Kaviar dazu und ein Gläschen Wodka.

Grünkernfrikadellen
Bild 2. Umschlagseite

2 Tassen Grünkern · ½ Bund Suppengrün · 4 Tassen Wasser · 1 gestrichener Teel. Pilzpulver · 1 gestrichener Eßl. gekörnte Gemüsebrühe · 1 Teel. frisches, feingehacktes oder getrocknetes, gerebeltes Basilikum · 1 Messerspitze schwarzer Pfeffer · 1 kleine Zwiebel · ½ Bund Petersilie · 2–3 Eier · 1 Tasse Vollkornbrösel (Graham-Paniermehl) · 2 gehäufte Eßl. Edelhefeflocken · Öl und Butter zum Braten

Pro Portion etwa 1775 Joule/420 Kalorien
Zubereitungszeit: 25–30 Minuten

Den Grünkern mittelgrob bis grob schroten. Das Suppengrün putzen, waschen und zerkleinern. Alle Zutaten von Grünkern bis Pfeffer in einen Topf geben und 5–10 Minuten kochen lassen, dabei gelegentlich umrühren.
Inzwischen die Zwiebel schälen und feinschneiden, die Petersilie waschen und feinhacken. Die Eier, die Vollkornbrösel, die Hefeflocken, die gehackte Zwiebel und Petersilie zu dem Schrotbrei geben und alles gründlich mischen. Butter und Öl in einer Pfanne erhitzen. Mit nassen Händen aus dem Teig Frikadellen formen und im heißen Fett knapp 10 Minuten bei nicht zu starker Hitze zugedeckt braten, wenden und in knapp 10 Minuten fertig braten.

Das paßt dazu: grün-roter Salat oder vitaminreicher Salat (Rezepte Seite 76).

Das paßt als Dessert: Apfelgelee mit Schlagsahne oder Obst und Käse (Rezepte Seite 84) oder erfrischende Walnußsahne (Rezept Seite 92).

Varianten: Die Schrotmasse eignet sich auch sehr gut zum Füllen von Gurken und Zucchini (siehe Seite 33), dann die feingehackte Zwiebel vorher in etwas Butter braten und zur Grünkernmasse geben.

Tip: Die Küchle schmecken auch kalt. Sie sind gut geeignet zum Mitnehmen.

Feine Getreidespeisen

Roggenschmarrn

*1 Tasse Roggen · 1 Tasse Weizen · 3 Teel.
Kümmel · ½ Teel. Koriander · ½ Teel.
Fenchelsamen · 4 Eier · 2 Tassen Flüssigkeit
wie Wasser, Molke oder Buttermilch ·
2 gestrichene Teel. Kochsalz oder Meersalz ·
1 Stange Lauch/Porree · Öl zum Braten*

Pro Portion etwa 1 050 Joule/250 Kalorien
Zubereitungszeit: 20 Minuten

Den Roggen und den Weizen zusammen mit
dem Kümmel, dem Koriander und dem Fenchel
mehlfein mahlen oder gemahlene Gewürze verwenden. Das Mehl mit den Eiern, der Flüssigkeit
und dem Salz zu einem weichen Teig verrühren.
Die Lauchstange einmal längs durchschneiden,
von der Wurzel und unbrauchbaren Blättern befreien, gründlich waschen. Soll zum Roggenschmarrn Rote-Rüben-Rohkost serviert werden,
dann aus dem weißen Teil des Lauchs etwa
½ Tasse feine halbe Lauchringe schneiden und
beiseitestellen. Den Rest in dünne Ringe schneiden. Öl in einer geräumigen Pfanne erhitzen, den
Lauch hineingeben und kurz anbraten. Den Teig
daraufgießen und etwa 2–3 Minuten stocken lassen. Dann mit einem Bratenwender oder Pfannenmesser in Stücke zerteilen und wenden.
Während des Bratens immer wieder zerteilen
und wenden, bis alles gar ist (dauert etwa 10 Minuten).

Das paßt dazu: Rote-Rüben-Rohkost (Rezept
Seite 79) oder Sauerkraut-Lauch-Salat mit Mayonnaise (Rezept Seite 83).

Das paßt als Dessert: Kiwi-Nuß-Quark (Rezept
Seite 89) oder Plantagenquark (Rezept Seite 90).

Baked beans »quickly«

*150 g Azukibohnen · ¾ l Wasser ·
1 gestrichener Teel. Piccata · eventuell
1 Messerspitze Cayennepfeffer · 1 gehäufter
Eßl. gekörnte Gemüsebrühe · 2 Tassen grober
Maisgrieß · 2 Knoblauchzehen · 2 gehäufte Eßl.
Edelhefeflocken · 1 große Zwiebel · je etwa
3 Eßl. geschmacksneutrales Öl, Olivenöl und
Butter · Schnittlauch*

Pro Portion etwa 1 590 Joule/380 Kalorien
Vorbereitungszeit: 5 Minuten (am Abend vorher)
Quellzeit: etwa 12 Stunden (über Nacht)
Zubereitungszeit: 30 Minuten

Am Vorabend die Bohnen mit dem Wasser aufkochen und zugedeckt etwa 12 Stunden (über
Nacht) quellen lassen.
Am nächsten Tag die Bohnen mit dem Einweichwasser wieder aufkochen, das Piccata, eventuell
Cayennepfeffer und die gekörnte Brühe zufügen
und die Bohnen 5 Minuten zugedeckt kochen
lassen. Den Maisgrieß einrühren und alles zusammen weitere 10 Minuten zugedeckt kochen
lassen. Inzwischen die Knoblauchzehen schälen
und zerdrücken (mit der Knoblauchpresse). Den
Knoblauch und die Hefeflocken unter den Bohnenmais mischen. Die Herdplatte ausschalten
und den Topf stehenlassen, solange noch etwas
anderes in der Küche vorbereitet werden muß.
Die Zwiebel schälen und grob zerkleinern. In
einer Pfanne das neutrale Öl, das Olivenöl und
die Butter erhitzen. Die Zwiebelstückchen darin
hellgelb braten. Dann den Bohnenmais in die
Pfanne geben und unter häufigem Wenden bei
starker Hitze braun braten wie einen Schmarrn.
Mit kleingeschnittenem Schnittlauch bestreuen.

Das paßt dazu: Tomatensalat oder bunter Salat
(Rezepte Seite 77).

Das paßt als Dessert: Äpfel mit Vanillesauce

Feine Getreidespeisen

(Rezept Seite 93) oder Apfelgelee mit Schlagsahne (Rezept Seite 84).

Variante: Bohnenküchle

Unter den fertigen Bohnenmais die gebratene Zwiebel und 3 Eier mischen. Frikadellen formen und in dem Öl-Butter-Gemisch auf jeder Seite 10 Minuten braten.

Würziger Mais

Bild Seite 87 und 4. Umschlagseite

4 Tassen Wasser · 2 gestrichene Teel. Kräutersalz · 1 gestrichener Teel. Delikata · 1 gestrichener Teel. Knoblauchsalz · 1 Messerspitze Muskatblüte (Macis) · 2 Tassen grober Maisgrieß · etwas Butter

Pro Portion etwa 1030 Joule/245 Kalorien
Zubereitungszeit: 20 Minuten

In einer großen Deckelpfanne das Wasser mit den Gewürzen zum Kochen bringen. Den Maisgrieß einstreuen und umrühren. 10 Minuten zugedeckt kochen lassen. Die Herdplatte ausschalten und den Maisgrieß bis kurz vor dem Essen (mindestens jedoch 10 Minuten) stehenlassen. Dann Butterflöckchen auf dem Mais verteilen, nochmals auf starke Hitze schalten. Den Grieß mit einem Bratenwender vom Boden lösen und mit einer großen Gabel lockern.

Das paßt dazu: Chicorée mit Nußcreme (Rezept Seite 52) oder gefüllte Tomaten oder Gurken (Rezept Seite 57).

Variante: Gebratener Mais

Den Mais wie oben zubereiten, jedoch ohne Knoblauchsalz und mit 2 Messerspitzen Muskatblüte. Den fertigen Mais in Butter und Margarine goldgelb braten. Während des Bratens häufig wenden. So zubereitet, jedoch nicht gebraten, ist der Mais eine gute Beilage zu Gemüsecreme Valencia (Rezept Seite 57).

Das paßt dazu: Balkansalat (Rezept Seite 81).

Käsesoufflé

Mit frisch gemahlenem Vollweizenmehl und in einer Deckelpfanne kann man sogar schnell ein Soufflé zaubern.

100 g Goudakäse · 50 g Weizen · 1 Becher Sahne (200 g) · 6 Eier · 2–3 gestrichene Teel. Kräutersalz · 1 gestrichener Teel. Delikata · 2 Messerspitzen Muskatblüte (Macis) · 1 Messerspitze weißer Pfeffer · etwas Butter oder Margarine

Pro Portion etwa 1925 Joule/460 Kalorien
Zubereitungszeit: 20–25 Minuten

Den Käse feinreiben. Den Weizen mehlfein mahlen. Das Mehl mit der Sahne, dem geriebenen Käse, den Eigelben und den Gewürzen gut verrühren. Die Eiweiße steif schlagen und vorsichtig unter den Teig ziehen. Etwas Fett in einer Deckelpfanne gleichmäßig zerlaufen lassen. Den Teig hineingießen. Den Deckel schließen. Das Soufflé in etwa 15–20 Minuten bei mittlerer Hitze fest werden lassen.

Das paßt dazu: Spargelgemüse (Rezept Seite 55) und Kressesalat (Rezept Seite 76) oder Spargelsalat mit Nüssen (Rezept Seite 78) oder Kräuterblumenkohl (Rezept Seite 52).

Das paßt als Dessert: frische Erdbeeren.

Feine Getreidespeisen

Variante: Statt 100 g Gouda 200 g feingeriebenen Emmentaler Käse nehmen, dann wird das Soufflé noch herzhafter.

Zum Schluß noch ein Zeitspar-Vorschlag für zwei aufeinanderfolgende Tage. Am ersten Tag gibt es

Vollkornpfannkuchen

400 g Weizen · 6 Eier · reichlich ½ l Milch (etwa 600 ccm) · 2 gestrichene Teel. Kochsalz oder Meersalz · 1 Messerspitze geriebene Muskatnuß · Öl zum Braten

Pro Portion etwa 1 805 Joule/430 Kalorien (ohne die Suppenpfannkuchen)
Zubereitungszeit: 20 Minuten

Den Weizen mehlfein mahlen. Das Mehl mit den Eiern, der Milch, dem Salz und dem Muskat gut verrühren. Öl in einer Pfanne erhitzen und aus dem Teig 6–7 dünne Pfannkuchen backen. 2 Stück zusammenrollen und für die Frittatensuppe des folgenden Tages zugedeckt in den Kühlschrank stellen.

Das paßt dazu: bunter Salat (Rezept Seite 77).

Das paßt als Dessert: Rhabarberkompott (Rezept Seite 86).

Tip: Wenn Sie nur für einen Tag kochen wollen, dann rühren Sie den Pfannkuchenteig aus 250 g Weizen, 4 Eiern, ⅜ l Milch und ½ Teel. Salz. Manche Familie schafft die oben angegebene Menge allerdings an einem Tag, denn die Vollkornpfannkuchen schmecken gut.

Am nächsten Tag gibt es aus den Pfannkuchenrollen vom Vortag die beliebte Frittaten- oder Flädlesuppe.

Frittatensuppe

1 ¼ l Wasser oder Gemüsebrühe · 2 leicht gehäufte Eßl. gekörnte Gemüsebrühe · 1–2 Bund frisches oder 1 Päckchen tiefgefrorenes Suppengrün · Kräutersalz · 2 Vollkornpfannkuchen nach dem vorangegangenen Rezept · Petersilie

Pro Portion etwa 995 Joule/235 Kalorien
Vorbereitungszeit: tiefgefrorenes Suppengrün antauen lassen
Zubereitungszeit: 10 Minuten

¾ l Wasser oder Gemüsebrühe mit der gekörnten Brühe zum Kochen bringen. Inzwischen das frische Suppengrün putzen, waschen und grob zerkleinern. Das Suppengrün mit ½ l Wasser in den Mixer geben und ganz kurz zerkleinern. Den Inhalt des Mixers zur kochenden Brühe gießen und alles zusammen 1–2 Minuten kochen lassen. Prüfen, ob das Suppengrün gar ist, und die Suppe mit Kräutersalz abschmecken. Die Pfannkuchenrollen in dünne Scheiben schneiden, zusammen mit feingehackter Petersilie in Suppenteller oder -tassen verteilen und die kochendheiße Suppe darübergießen.

Das paßt als Dessert: Obstsalat (Rezept Seite 85) mit gerösteten Haferflocken oder eine Obst-Quarkspeise (Rezepte Seite 89 ff.) oder Hirse-Beeren-Pfanne (Rezept Seite 75).

Kartoffel-Delikatessen

Ist es noch nötig, das Loblied der Kartoffel zu singen? Ihre Bekömmlichkeit, ihr Gehalt an wertvollem Eiweiß, an Vitaminen und Mineralstoffen wird heute allgemein anerkannt – auch, daß sie nicht dick macht, wie man früher glaubte. In der schnellen und leichten Vollwertküche können wir die Kartoffel daher gut gebrauchen. Fein gewürzt schmeckt sie köstlich, richtig vorbereitet ist sie schnell gar! In meinen Rezepten werden die Kartoffeln fast immer mit der Schale verwendet. Das geht schneller und ist gesünder. Die wertvollsten Bestandteile sitzen bekanntlich direkt unter der Schale. Die Schalen selbst machen die Gerichte noch ballaststoffreicher und sie schmecken auch gut. Dazu dürfen die Kartoffeln natürlich nicht mit chemischen Keimhemmern behandelt worden sein, und sie dürfen auch noch nicht keimen. Kartoffeln aus biologischem Anbau sind wegen ihres Wohlgeschmacks ohnehin die bessere Grundlage für Kartoffel-Delikatessen.

Die ungeschälten Kartoffeln müssen gut gebürstet werden, um sie von Erde und Schmutz zu befreien. Das geht am besten mit der rauhen Seite eines Topfschwammes und unter fließendem Wasser. Die »Augen« (Keimansätze) und schlechte Stellen müssen mit einem Küchenmesser oder der Spitze eines Kartoffelschälers ausgestochen werden. Wenn Sie über die Herkunft Ihrer Kartoffeln im Zweifel sind, schälen Sie sie wie üblich. Dann müssen Sie aber *pro Kilogramm etwa 250 g mehr* nehmen.

Kartoffeln enthalten viel Vitamin C. Daher sind kurze Garzeiten wünschenswert. In Scheiben oder Würfel geschnitten und in einer Deckelpfanne oder einem weiten Topf mit wenig Wasser gegart sind sie in 10–15 Minuten fertig – je nach Kartoffelsorte und -qualität und je nach Größe der Stücke.

Auf den Seiten 22, 26, 63, 64 und 65 finden Sie noch weitere Rezepte mit Kartoffeln.

Dämpfkartoffeln

1 kg Kartoffeln · 1 Tasse Wasser · 2 gestrichene Eßl. gekörnte Gemüsebrühe · 1 Teel. Knoblauchsalz oder Knoblauchgranulat (Geschmack etwas intensiver) · 1 Teel. Kümmel · Schnittlauch oder Petersilie

Pro Portion etwa 750 Joule/180 Kalorien
Zubereitungszeit: 5–10 Minuten
Garzeit: 10–15 Minuten

Die Kartoffeln gut bürsten (siehe Seite 12) und mit der Schale in Scheiben schneiden. Inzwischen das Wasser in einer Deckelpfanne erhitzen. Die Hälfte der Kartoffelscheiben gleichmäßig in der Pfanne verteilen, mit der Hälfte der gekörnten Brühe, des Knoblauchsalzes und des Kümmels gleichmäßig bestreuen. Die zweite Hälfte Kartoffelscheiben einfüllen und mit dem Rest der Gewürze bestreuen. Den Deckel schließen (bei Deckeln mit Ventil: Ventil zu). Die Kartoffeln in etwa 10–15 Minuten gar dünsten. Mit feingeschnittenen Kräutern bestreut servieren.

Das paßt dazu: Sauerkraut-Lauch-Salat mit Mayonnaise (Rezept Seite 83) oder Harzer Salat (Rezept Seite 81). Dämpfkartoffeln passen auch gut zu Chicorée mit Nußcreme (Rezept Seite 52) oder gefüllten Tomaten oder Gurken (Rezept Seite 57).

Tip: Sollten Sie für dieses und das folgende Rezept keine Deckelpfanne benutzen, sondern eine einfache Pfanne, mit einem Topfdeckel oder einem Teller zugedeckt, dann müssen Sie sicher während der Garzeit Wasser nachgießen.

Variante: Zwiebel-Dämpfkartoffeln

Entweder zuerst 1–2 zerkleinerte Zwiebeln in Butter, Öl oder Margarine goldgelb braten und dann darauf die Dämpfkartoffeln bereiten, wie oben beschrieben. Oder in einer separaten Pfanne 2 zerkleinerte Zwiebeln in Butter, Öl oder Margarine goldgelb braten und zum Schluß auf die fertigen Kartoffeln verteilen.

Variante: Majorankartoffeln

Wie Zwiebel-Dämpfkartoffeln. Als Gewürz, das über die beiden Kartoffellagen gestreut wird, nur jeweils 1 leicht gehäuften Eßlöffel gekörnte Gemüsebrühe und 1 gehäuften Teelöffel getrockneten, gerebelten Majoran nehmen. Majorankartoffeln passen besonders gut als Beilage zu allem Herzhaften.

Variante: Soja-Dämpfkartoffeln

Wie Dämpfkartoffeln. In einer separaten Pfanne 2 zerkleinerte Zwiebeln in Butter glasig braten, 2 gehäufte Eßlöffel gekörntes Sojamark (Hackfleischart) zufügen, langsam weiterbraten, bis alles goldbraun ist, dabei gelegentlich umrühren. Über die fertigen Kartoffeln geben.

Nußkartoffeln

1 kg Kartoffeln · 1½ Tassen Wasser ·
1 gehäufter Eßl. gekörnte Gemüsebrühe · etwas
schwarzer Pfeffer, am besten frisch gemahlen ·
50 g geschälte Walnüsse · 2 Eßl. Butter ·
Schnittlauch

Pro Portion etwa 1360 Joule/325 Kalorien
Zubereitungszeit: 10 Minuten
Garzeit: 15–20 Minuten

Die Kartoffeln gut bürsten (siehe Seite 12) und mit der Schale in kleine Würfel schneiden. Währenddessen das Wasser in einer Deckelpfanne erhitzen. Die Kartoffelwürfel gleichmäßig in der Pfanne verteilen und mit der gekörnten Brühe

und schwarzem Pfeffer gleichmäßig bestreuen. Den Deckel schließen (bei Deckeln mit Ventil: Ventil zu). Die Kartoffeln in etwa 10–15 Minuten gar dünsten. Die Walnüsse grobreiben und mit der Butter auf die Kartoffeln geben, umrühren und noch 5 Minuten zugedeckt weiterdünsten. Mit feingeschnittenem Schnittlauch bestreut servieren.

Das paßt dazu: Apfel-Käse-Salat (Rezept Seite 81). Nußkartoffeln passen auch gut zu Kräuterblumenkohl (Rezept Seite 52) oder gefüllten Tomaten oder Gurken (Rezept Seite 57) oder Spargelgemüse (Rezept Seite 55).

Variante: Kartoffelschmarrn

Die Nüsse und die Butter weglassen. Stattdessen 3 Eier, ⅛ l Sahne und 1 Messerspitze geriebene Muskatnuß miteinander verquirlen, 100 g Emmentaler Käse in Würfel schneiden. Die Kartoffeln, sobald sie gar sind, mit der Eimasse übergießen, die Käsewürfel darüberstreuen. Mit einem Pfannenmesser oder Bratenwender unter häufigem Wenden in Stücke teilen und stocken lassen (etwa 2–3 Minuten). Mit Schnittlauch bestreut servieren.

Das paßt dazu: Zuckerschoten und Tomaten oder Spargelgemüse (Rezepte Seite 55) oder ein Salat (Rezept Seite 76ff.)

Pommes Duchesse

Je mehr Zeit Sie zum langsamen Braten der Kartoffeln haben, desto besser schmecken sie. Pommes Duchesse sind daher eine praktische Beilage, wenn Sie Besuch erwarten. Man kann sie bis kurz vor dem Servieren braten lassen und hat dann eine heiße und feine Beilage auf dem Tisch, auch wenn sich die Gäste verspäten sollten.

Kartoffel-Delikatessen

*1 kg Kartoffeln · 2 Tassen Wasser ·
2 gestrichene Teel. Kochsalz oder Meersalz ·
50 g Butter*

Pro Portion etwa 1 135 Joule/270 Kalorien
Zubereitungszeit: 10 Minuten
Garzeit: 20 Minuten

Die Kartoffeln gut bürsten (siehe Seite 12) und
mit der Schale vierteln. Währenddessen das
Wasser mit dem Salz in einem weiten Topf zum
Kochen bringen. Die Kartoffeln darin in etwa
10–15 Minuten gar kochen. Das Kochwasser abgießen. Die Butter in einer Pfanne erhitzen, die
gegarten Kartoffeln hineinschütten und bei nicht
zu großer Hitze unter gelegentlichem Wenden
goldgelb braten. Eventuell zum Schluß noch
salzen.

Das paßt dazu: Spargelsalat mit Nüssen (Rezept Seite 78). Pommes Duchesse passen auch
gut zu Bananengemüse (Rezept Seite 55) und
Apfel-Käse-Salat (Rezept Seite 81) oder zu
Rührei und einem beliebigen Salat (Rezepte Seite 76 ff.).

Tip: Wenn Sie die Kartoffeln nicht ungeschält
verwenden können, dann kochen Sie Pellkartoffeln (kleine sind schneller gar), schälen sie heiß,
vierteln sie und braten sie in der Butter goldgelb.

Herzhafte Bratkartoffeln

*1 250 g Kartoffeln · Öl zum Braten (etwa 4 Eßl.) ·
2 Teel. Kümmel · 1 Teel. frischer, feingehackter
oder getrockneter, gerebelter Majoran ·
Kochsalz oder Meersalz · eventuell etwas Butter*

Pro Portion etwa 1 255 Joule/300 Kalorien
Zubereitungszeit: 20 Minuten

Die Kartoffeln gut bürsten (siehe Seite 12) und
mit der Schale in Stifte schneiden (wie zu Pommes frites). Währenddessen das Öl in einer großen Pfanne erhitzen. Die Kartoffelstifte in das
heiße Fett schütten, mit dem Kümmel und dem
Majoran bestreuen und etwa 10 Minuten bei
starker Hitze unter häufigem Wenden braten.
Dann einen Deckel auflegen und die Kartoffeln
bei mittlerer Hitze in etwa 10 Minuten fertig braten, dabei noch gelegentlich wenden. Die fertigen Kartoffeln salzen und eventuell ein paar Butterflöckchen darauf zergehen lassen.

Das paßt dazu: Rotkohlsalat (Rezept Seite 82)
und eventuell Spiegeleier oder Rührei und ein
beliebiger Salat (Rezepte Seite 76 ff.). Die Bratkartoffeln passen auch gut zu Kräuterblumenkohl (Rezept Seite 52).

Waerland-Kartoffeln

Ein Rezept von Are Waerland, dem schwedi-
schen Ernährungsforscher, für Kartoffeln mit
ganz kurzer Garzeit. Ich habe es mit Sahne und
Gewürzen ein bißchen schmackhafter gemacht.

*½ l Wasser · 2–3 gestrichene Teel. Kräutersalz ·
1 Messerspitze geriebene Muskatnuß · 750 g
Kartoffeln · ½ Becher Sahne (100 g) ·
2 Messerspitzen schwarzer Pfeffer · frische
Kräuter wie Petersilie und Liebstöckel*

Pro Portion etwa 860 Joule/205 Kalorien
Zubereitungszeit: 15 Minuten

Das Wasser mit dem Kräutersalz und dem Muskat in einer Deckelpfanne zum Kochen bringen.
Währenddessen die Kartoffeln gut bürsten (siehe Seite 12) und mit der Schale feinreiben
(Schnitzelwerk der Küchenmaschine, feine, aber

nicht die feinste Reibscheibe oder -trommel). Die Kartoffelraspel in der Pfanne gleichmäßig verteilen und zugedeckt 5 Minuten kochen, dann die Herdplatte ausschalten. Die Sahne und den Pfeffer zufügen, die Masse mit dem Schneebesen verquirlen und feingehackte Kräuter untermischen. Mit Kräutersalz abschmecken.

Das paßt dazu: gefüllte Tomaten oder Gurken (Rezept Seite 57) oder rote Rüben in weißer Sauce (Rezept Seite 54).

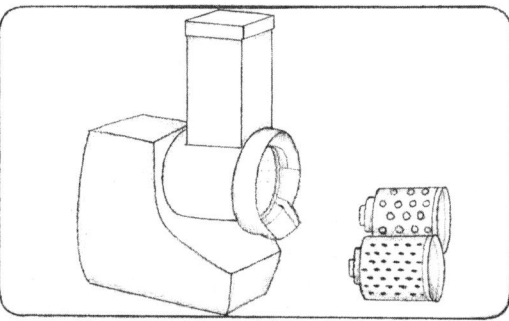

Wenn Sie größere Mengen rohes Gemüse zerkleinern wollen, tut ein Rohkostvorsatz für die elektrische Küchenmaschine gute Dienste.

Sahnekartoffeln

800 g Kartoffeln · 1 Eßl. Öl · ½ l Sahne, eventuell einen Teil der Sahne durch Milch ersetzen, bis zur Hälfte der Menge · 50 g Blauschimmelkäse · 2–3 gestrichene Teel. Kräutersalz · 1 gestrichener Teel. Knoblauchsalz · 1 gestrichener Teel. edelsüßes Paprikapulver · 1 Teel. Kümmel · 2 Messerspitzen weißer Pfeffer

Pro Portion etwa 1510 Joule/360 Kalorien
Zubereitungszeit: 20 Minuten

Die Kartoffeln gut bürsten (siehe Seite 12) und mit der Schale schnitzeln oder in dünne Scheiben schneiden. Das Öl in einer großen kunststoffbeschichteten Pfanne erhitzen. Die Kartoffelschnitzel oder -scheiben gleichmäßig in der Pfanne verteilen. Die Sahne mit dem kleingeschnittenen Käse und den Gewürzen verquirlen und über die Kartoffeln gießen. Zugedeckt etwa 10 Minuten bei mittlerer Hitze kochen lassen, dann die Kartoffeln wenden und noch 2–3 Minuten in der offenen Pfanne weiterdämpfen, bis die meiste Flüssigkeit verdampft ist.

Das paßt dazu: Weißkohlsalat (Rezept Seite 82) oder ein anderer Salat (Rezepte Seite 76 ff.). Sahnekartoffeln passen auch gut zu Kräuterblumenkohl (Rezept Seite 52).

Kräuterkartoffeln

Die hier verwendeten Dillsamen geben den Kartoffeln einen feinen aromatischen Geschmack. Dillsamen wirken leicht anregend auf Leber und Galle. Leider sind sie als Gewürz noch schwer zu bekommen (am ehesten von Brecht im Reformhaus). Notfalls nehmen Sie grob zerkleinertes Dillkraut mit Stengeln.

1 kg kleinere Kartoffeln · 2 Tassen Wasser · 2 gestrichene Teel. Kochsalz oder Meersalz · 1 gehäufter Teel. Dillsamen · ½ Teel. Kümmel · etwas Butter · reichlich frische Kräuter wie Dill, Petersilie, Schnittlauch

Pro Portion etwa 730 Joule/175 Kalorien
Zubereitungszeit: 5–10 Minuten
Garzeit: 15 Minuten

Die Kartoffeln gut bürsten (siehe Seite 12) und halbieren. Währenddessen das Wasser mit dem

Kartoffel-Delikatessen

Salz in einem weiten Topf zum Kochen bringen. Die Kartoffeln hineinschütten und mit den Dillsamen und dem Kümmel bestreuen. In etwa 15 Minuten gar kochen. Das überschüssige Kochwasser abgießen und die Kartoffeln mit gehackten Kräutern und etwas Butter mischen.

Das paßt dazu: Rettichsalat (Rezept Seite 78). Kräuterkartoffeln passen auch gut zu Chicorée mit Nußcreme (Rezept Seite 52).

Variante: Kümmelkartoffeln
Sie werden genauso zubereitet, nur statt Dillsamen 2 gehäufte Teelöffel Kümmel über die rohen Kartoffeln verteilen und statt der gemischten Kräuter nur ein Gartenkraut über die fertigen Kartoffeln streuen (wenn vorhanden, zarte Blätter einer Kümmelpflanze).

Das paßt dazu: Harzer Salat oder Balkansalat (Rezepte Seite 81). Kümmelkartoffeln passen auch gut zu Möhrengulasch (Rezept Seite 54).

Vollkorn-Kartoffelgemüse

500 g Kartoffeln · 1 Bund Suppengrün · ½ l Wasser · 1 gestrichener Eßl. gekörnte Gemüsebrühe · 2 gehäufte Eßl. Weizen · 2 gehäufte Eßl. Grünkern · 1 Teel. Kümmel · ½ Teel. Koriander · ⅛ l Sahne · 2 Eigelbe · 2 Messerspitzen Muskatblüte (Macis) · 1 Messerspitze weißer Pfeffer · Kräutersalz · Liebstöckel · Petersilie · Schnittlauch

Pro Portion etwa 1080 Joule/250 Kalorien
Zubereitungszeit: 20 Minuten

Die Kartoffeln gut bürsten (siehe Seite 12) und mit der Schale in Scheiben schneiden. Das Suppengrün zerkleinern. Währenddessen das Wasser mit der gekörnten Brühe in einem weiten Topf zum Kochen bringen. Die Kartoffelscheiben und das Suppengrün im Wasser in etwa 10 Minuten gar kochen. Inzwischen den Weizen, den Grünkern, den Kümmel und den Koriander feinmahlen (oder gemahlene Gewürze verwenden) und langsam in die kochende Flüssigkeit einrühren, die Kartoffelscheiben dabei mit einem Löffel etwas zur Seite schieben. 2 Minuten kochen, dann vom Herd nehmen. Die Sahne mit den Eigelben, der Muskatblüte und dem Pfeffer verquirlen, in die Kartoffelspeise einrühren. Mit Kräutersalz abschmecken. Zum Schluß feingehackte Kräuter einmischen und aufstreuen.

Das paßt dazu: rote Rüben in weißer Sauce (Rezept Seite 54) oder Sauerkraut-Lauch-Salat mit Mayonnaise (Rezept Seite 83).

Das paßt als Dessert: Apfelsahne (Rezept Seite 92) oder Kiwischaum (Rezept Seite 91).

Kartoffelpuffer aus dem Mixer

Sie können zur Eiweißanreicherung 1–2 Eßlöffel Sojamehl in den Teig geben, dann schmecken die Kartoffelpuffer noch »runder«.

750 g Kartoffeln · 2 Zwiebeln · 2 Eier · ⅜ l Wasser · 2–3 gestrichene Teel. Kochsalz oder Meersalz · ½ Teel. schwarzer Pfeffer · 1½ Tassen Weizen · Öl oder Fett zum Braten

Pro Portion etwa 1765 Joule/420 Kalorien
Zubereitungszeit: 20 Minuten

Die Kartoffeln gut bürsten (siehe Seite 12) und mit der Schale grob zerkleinern. Die Zwiebeln schälen und vierteln. Kartoffeln, Zwiebeln, die Eier, das Wasser, das Salz und den Pfeffer in zwei Partien im Mixer fein pürieren und den Teig in eine Schüssel oder ein Gefäß zum Gießen füllen. Den Weizen mehlfein mahlen und gut mit dem Kartoffelteig mischen. In zwei Pfannen Öl oder Fett erhitzen. Vom Teig pro Pfanne 3–5 Puffer ins gut heiße Fett gießen. In etwa 3–4 Minuten knusprig braun braten, wenden und fertig braten. So weiter verfahren, bis aller Teig verbraucht ist.

Das paßt dazu: Apfelmus aus dem Rezept Apfelschaum (Seite 91), die doppelte Menge, aber ohne Sahne.

Kartoffeln und Äpfel

750 g Kartoffeln · 2 Tassen Wasser · 2 gestrichene Teel. Kochsalz oder Meersalz · 1 Lorbeerblatt · 1 Messerspitze schwarzer Pfeffer · 1 Messerspitze Piment (Nelkenpfeffer) · 500 g säuerliche Äpfel · 2 Eßl. Friate (Apfeldicksaft) · Petersilie

Pro Portion etwa 710 Joule/170 Kalorien
Zubereitungszeit: 20 Minuten

Die Kartoffeln gut bürsten (siehe Seite 12) und mit der Schale längs in Viertel, größere in Achtel schneiden. Währenddessen das Wasser mit dem Salz und dem Lorbeerblatt in einem Topf zum Kochen bringen. Die Kartoffeln in den Topf geben, den Pfeffer und das Piment gleichmäßig darüberstreuen. Die Kartoffeln 10 Minuten kochen lassen. Währenddessen die Äpfel vierteln, schälen, das Kernhaus entfernen. Die Apfelviertel auf die Kartoffeln geben und noch etwa 5 Minuten mitkochen, bis Kartoffeln und Äpfel gar sind. Die Friate darübergießen, alles vorsichtig mischen und das Lorbeerblatt entfernen. Das Gericht mit feingehackter Petersilie überstreuen.

Paßt gut zu: Sojagulasch (Rezept Seite 65) oder Weizenküchle (Rezept Seite 32, ½ Menge) oder Grünkernfrikadellen (Rezept Seite 41, ½ Menge) oder Sojaküchle (Rezept Seite 67, ½ Menge) oder Knusprige Sojapuffer (Rezept Seite 66, ½ Menge).

Zum Schluß noch ein Zeitspar-Vorschlag für zwei aufeinanderfolgende Tage.

Kartoffelpüree
Bild Seite 36

Flockenpüree gehört natürlich nicht zur Vollwertküche. Geschälte, zerkleinerte Kartoffeln, in wenig Wasser gekocht, sind schnell gar. Ein selbstgemachtes Kartoffelpüree zählt daher auch zu den Schnellgerichten, es schmeckt außerdem köstlich und ist leicht verdaulich.

2 kg Kartoffeln · ¼ l Wasser · 1 gestrichener Eßl. Kochsalz oder Meersalz · ½ l Milch · 2 Eßl. Butter · 2 Messerspitzen geriebene Muskatnuß · 2–3 gestrichene Teel. Kräutersalz · frische Kräuter wie Petersilie, Dill, Schnittlauch

Pro Portion etwa 1 020 Joule/240 Kalorien (ohne das Kartoffelpüree für den Auflauf)
Zubereitungszeit: 30 Minuten

Die Kartoffeln schälen und in Stücke schneiden. Inzwischen das Wasser und das Salz in einem großen Topf zum Kochen bringen. Darin die Kartoffelstücke in etwa 20 Minuten gar kochen. Die Herdplatte ausschalten. Die Milch erhitzen. Die Kartoffeln mit einem Kartoffelstampfer zerstampfen. Die Milch, das Muskat und die Butter zufügen und alles mit dem Schneebesen zu Püree schlagen. Noch schneller geht es, wenn Sie die Milch, die Butter, das Muskat und das Kräutersalz zu den Kartoffeln geben und heiß werden lassen. Mit einem Kartoffelstampfer oder mit dem Schneebesen eines Handrührgerätes zu Püree schlagen. Mit Kräutersalz abschmecken. Unter gut die Hälfte Kartoffelpüree feingehackte Kräuter mischen und diesen Teil am ersten Tag servieren. Den Rest für den nächsten Tag zugedeckt in den Kühlschrank stellen.

Paßt gut zu: Rosenkohl in brauner Nußsauce (Rezept Seite 53) oder Sojagulasch (Rezept Seite 65) oder Szegediner Kraut (Rezept Seite 66) oder Möhrengulasch (Rezept Seite 54) oder auch zu Soja- oder Getreidefrikadellen und beliebigen Salaten (Rezepte Seite 76 ff.).

Tip: Wenn Sie das Kartoffelpüree nur für eine Mahlzeit kochen wollen, halbieren Sie die Zutatenmengen. Die Zubereitung geht dann noch ein wenig schneller.
Für die schnelle Zubereitung von Kartoffelpüree siehe auch Tip auf Seite 63.

Am zweiten Tag gibt es aus dem fertigen Kartoffelpüree vom Vortag einen herzhaften Auflauf.

Sauerkrautauflauf

2 Eßl. Margarine · Kartoffelpüree nach dem vorangegangenen Rezept · 500 g Sauerkraut · 2–3 Lorbeerblätter · 1 Dose Pai-Ping (Eden) oder 1 »Hausmacher«-Wurst (Granovita) (Fertigprodukte aus dem Reformhaus) · Schnittlauch

Pro Portion etwa 1 775 Joule/420 Kalorien
Zubereitungszeit: 5–10 Minuten
Garzeit: 15 oder 30 Minuten

Die Margarine in einer großen Deckelpfanne oder in einer Auflaufform erhitzen. Pfanne oder Form damit ausfetten. Die Hälfte des Kartoffelpürees auf dem Boden der Pfanne oder Form verteilen (am besten mit einem Pfannenmesser oder Bratenwender flache Scheiben aus dem Püree herausnehmen und in die Pfanne legen). Das Sauerkraut auf das Püree schichten. Die Lorbeerblätter verteilt ins Sauerkraut stecken. Pai-Ping in Flöckchen oder Granovita-Wurst in Scheiben auf das Sauerkraut geben. Darüber den Rest Kartoffelpüree streichen. Die Pfanne mit dem Deckel schließen und das Gericht etwa 15 Minuten dünsten. Bei der Auflaufform Butterflöckchen obenaufsetzen und das Gericht im vorgeheizten Backofen bei 200 °C 30 Minuten backen. Den fertigen Auflauf mit feingeschnittenem Schnittlauch bestreuen.

Das paßt als Dessert: Apfelsahne oder erfrischende Walnußsahne (Rezepte Seite 92) oder Orangen mit Schlagsahne.

Tip: Auch Aufläufe kann man energie- und zeitsparend in einer guten Deckelpfanne herstellen. Dort wird der Inhalt schnell und gleichmäßig erhitzt. Eimassen stocken viel schneller. Im Backofen dauert es wesentlich länger, bis die Hitze ins Innere des Auflaufes vorgedrungen ist. Wer eine braune Kruste haben möchte, muß das Gericht zum Schluß mit ein paar Butterflöckchen oder geriebenem Käse bestreuen und die Pfanne ohne Deckel noch kurz unter den Grill stellen.

Gemüse hat immer Saison

Nicht immer mag man Gemüse als Rohkost (siehe Kapitel »Salate« auf Seite 76 ff.) essen. Hin und wieder schätzen wir auch eine warme Gemüsemahlzeit, besonders wenn es draußen kalt ist. Ein feines, zartes oder ein herzhaftes Gemüse, hübsch angerichtet und garniert, läßt nicht nur das Herz eines Vegetariers höher schlagen. Fehlen sollte Gemüse nie auf unserem Speiseplan, da unser Körper die darin enthaltenen Nähr- und Ballaststoffe unbedingt braucht. Daß Gemüse nicht »totgekocht« werden darf, hat sich schon lange herumgesprochen – ganz abgesehen davon, daß es dann nicht mehr appetitlich aussieht. Ein weiter Topf, wenig Wasser und ein gut schließender Deckel bewirken, daß das Gemüse hauptsächlich in Dampf gegart wird. So werden die Vitamine geschont und Sie sparen Zeit und Energie.

Die Gemüsegerichte dieses Kapitels sind zum Teil als Hauptgerichte, zum Teil als Beilage gedacht. Daher finden Sie manchmal am Schluß der Rezepte Hinweise für passende Beigaben, manchmal für Desserts – oder für beides.

Chicorée mit Nußcreme

750 g Chicorée · 2 Tassen Wasser · 100 g Goudakäse · 1 Tasse Sahne · 2 Eier · 40 g geschälte Walnüsse · 2 gehäufte Eßl. Vollkornbrösel (Graham-Paniermehl) · ½ Teel. Delikata · 1 Messerspitze weißer Pfeffer · 1 Messerspitze Muskatblüte (Macis) · Petersilie · eventuell Tomaten zum Garnieren

Pro Portion etwa 1 320 Joule/315 Kalorien
Zubereitungszeit: 15–20 Minuten

Die Chicoréestauden längs durchschneiden, waschen, mit der Schnittfläche nach unten in einen weiten Topf legen, mit dem Wasser in etwa 10–15 Minuten gar kochen. Inzwischen den Käse grobreiben, dann mit der Sahne, den Eiern, den Nüssen, den Bröseln, dem Delikata, dem Pfeffer und der Muskatblüte in den Mixer füllen. Sobald der Chicorée gar ist, die Stauden auf einem Sieb kurz abtropfen lassen und auf einer Platte anrichten. 1 Tasse vom Kochwasser zu den übrigen Zutaten in den Mixer gießen, alles kurz feinmixen und in den leeren Gemüsetopf gießen. Unter Rühren (am besten mit einem Schneebesen) ein paarmal kurz aufkochen. Die nun dick gewordene Creme auf dem Gemüse verteilen, mit feingehackter Petersilie bestreuen und eventuell mit Tomatenscheiben garnieren.

Das paßt dazu: Würziger Mais (Rezept Seite 43) oder Dämpfkartoffeln (Rezept Seite 45) oder Kräuterkartoffeln (Rezept Seite 48) oder auch Vollkornnudeln oder Naturreis.

Das paßt als Dessert: erfrischende Walnußsahne (Rezept Seite 92) oder Obstsalat (Rezept Seite 85).

Tip: Es ist nicht notwendig, die Enden der Chicoréestauden auszuhöhlen, um die Bitterstoffe zu entfernen. Die Staudenenden sollten lediglich ganz dünn sauber abgeschnitten werden. Die Bitterstoffe sind wertvoll, denn sie regen den Appetit an und fördern den Gallenfluß. Der leicht bittere Geschmack des Chicorée harmoniert auch gut mit dem feinen Geschmack der Nußcreme.

Kräuterblumenkohl

1 Kopf Blumenkohl · Kochsalz oder Meersalz · 1 Tasse Wasser · knapp ¼ l Milch · 3 gehäufte Eßl. Weizen · 200 g Kräuterschmelzkäse · 1 Eigelb · 1 Tasse Sahne · 1 Messerspitze

Gemüse hat immer Saison

Muskatblüte (Macis) · eventuell Kräutersalz · reichlich frische Kräuter nach Wahl

Pro Portion etwa 1 235 Joule/295 Kalorien
Zubereitungszeit: knapp 10 Minuten
Garzeit: 10–15 Minuten

Den Blumenkohl in Röschen zerteilen, in Salzwasser waschen (wenn Zeit vorhanden ist, etwas im Salzwasser liegenlassen). In einem weiten Topf die Blumenkohlröschen mit 1 Tasse Wasser in etwa 10–15 Minuten gar dämpfen. Das übrigbleibende Dämpfwasser in einen kleineren Topf abgießen und mit der Milch auf ¼ l ergänzen, aufkochen. Inzwischen den Weizen mittelfein mahlen und mit dem Schneebesen in die kochende Flüssigkeit einrühren, gleichzeitig den etwas zerkleinerten Schmelzkäse zufügen, weiterrühren, bis sich der Käse aufgelöst hat (etwa 1–2 Minuten). Vom Herd nehmen. Das Eigelb mit der Sahne und der Muskatblüte verquirlen, mit dem Schneebesen unter die Sauce rühren, abschmecken (eventuell mit Kräutersalz) und mit feingehackten Kräutern mischen. Den Blumenkohl in einer Schüssel anrichten, mit der Sauce übergießen und sofort servieren.

Das paßt dazu: Nußkartoffeln (Rezept Seite 46) oder herzhafte Bratkartoffeln (Rezept Seite 47) oder Sahnekartoffeln (Rezept Seite 48) oder gebratener Mais oder Käsesoufflé (Rezepte Seite 43).

Das paßt als Dessert: Obstsalat (Rezept Seite 85) mit Hüttenkäse oder Erdbeer-Quarkcreme (Rezept Seite 90).

Varianten: Die Sauce paßt auch gut zu Broccoli, Chicorée oder Mangoldstielen (= Rippenmangold).

Rosenkohl in brauner Nußsauce

500 g Rosenkohl · 2 Tassen Wasser · 3 gehäufte Eßl. Roggen · 40 g geschälte Walnüsse · 50 g Fett, am besten Butter und Margarine gemischt · 1 Tasse Milch · 1 Tasse Sahne · 100 g Goudakäse · 1 Messerspitze Muskatblüte (Macis) · Kräutersalz · frische Kräuter nach Wahl

Pro Portion etwa 1 865 Joule/445 Kalorien
Zubereitungszeit: etwa 10 Minuten
Garzeit: gut 15 Minuten

Den Rosenkohl putzen und waschen. Mit 1 Tasse Wasser in knapp 15 Minuten gar dämpfen. Inzwischen den Roggen mittelgrob mahlen und die Nüsse grobreiben. Das Fett in einem kleinen Topf erhitzen. Den Roggenschrot und die Nüsse ins heiße Fett schütten, unter Rühren etwas anrösten. Mit 1 Tasse Wasser, der Milch, der Sahne und der restlichen Kochflüssigkeit vom Rosenkohl ablöschen, umrühren und etwa 3 Minuten kochen lassen. Den Käse grobreiben und mit dem Muskat zufügen. Die Sauce mit Kräutersalz abschmecken und mit feingehackten Kräutern mischen. Den Rosenkohl in einer Schüssel anrichten und mit der Sauce übergießen.

Das paßt dazu: Kartoffelpüree (Rezept Seite 50) oder auch Salzkartoffeln oder Pellkartoffeln.

Das paßt als Dessert: Obstsalat (Rezept Seite 85) oder Apfelsalat oder Apfel-Nuß-Salat (Rezepte Seite 92) oder Apfelgelee (Rezept Seite 84).

Varianten: Die Sauce paßt auch sehr gut über gekochte Maroni (Eßkastanien), grüne Bohnen, Pilze sowie ganze oder halbierte gebratene Zwiebeln.

Möhrengulasch

½ l Wasser · 1 leicht gehäufter Eßl. gekörnte Gemüsebrühe · 750 g Möhren · 3 gehäufte Eßl. Weizen · 1 Teel. Kümmel · 1 gehäufter Eßl. Sojamehl · 1 Teel. frisches, feingehacktes oder getrocknetes, gerebeltes Basilikum · 1 Messerspitze schwarzer Pfeffer · 1 Dose Sandwichcreme mit Pilzen (80 g) · Petersilie

Pro Portion etwa 920 Joule/220 Kalorien
Zubereitungszeit: 25 Minuten

Das Wasser mit der gekörnten Brühe in einem weiten Topf zum Kochen bringen. Inzwischen die Möhren putzen, waschen, einmal längs durchschneiden und quer in ½ cm breite Stücke schneiden. Die Möhren in die kochende Brühe geben und in etwa 10–15 Minuten gar kochen. Währenddessen den Weizen mit dem Kümmel mittelfein schroten (oder gemahlenen Kümmel verwenden). Das Sojamehl mit etwas Wasser anrühren. Wenn die Möhren gar sind, den Schrot langsam unter Rühren in den Topf schütten, das angerührte Sojamehl hineingießen und umrühren. Noch etwa 1–2 Minuten unter gelegentlichem Umrühren kochen. Das Basilikum, den Pfeffer und die etwas zerkleinerte Sandwichcreme zufügen, den Topf zudecken und vom Herd nehmen. Noch 2–3 Minuten stehenlassen, dann umrühren. Feingehackte Petersilie untermischen und aufstreuen.

Das paßt dazu: Vollkornnudeln oder Salzkartoffeln.

Das paßt als Dessert: Apfel-Nuß-Salat (Rezept Seite 92) oder Bananensalat (Rezept Seite 85).

Tip: Falls der Kümmel nicht in der Getreidemühle gemahlen werden kann oder kein gemahlener Kümmel zur Verfügung steht, den ganzen Kümmel am Anfang mit der gekörnten Brühe zum Wasser geben.

Rote Rüben in weißer Sauce

⅛ l Wasser · 500 g rote Rüben/rote Bete · 1 gestrichener Teel. Kräutersalz · 1 kleine Schalotte oder Zwiebel · 100 g Magerquark · 1 Becher Joghurt · 1 Eßl. Öl · 1 Teel. Senf · Saft von ½ Zitrone · frische Kräuter nach Wahl

Pro Portion etwa 460 Joule/110 Kalorien
Zubereitungszeit: knapp 10 Minuten
Garzeit: 15–20 Minuten

Das Wasser zum Kochen bringen. Währenddessen die roten Rüben schälen und würfeln. Mit dem Kräutersalz ins kochende Wasser geben und in etwa 15–20 Minuten gar dämpfen. Die Schalotte oder Zwiebel schälen und halbieren, zusammen mit allen übrigen Zutaten in den Mixer füllen und feinmixen. Wenn die roten Rüben gar sind, den Topf vom Herd nehmen, eventuell noch vorhandenes Kochwasser abschütten. Die roten Rüben in einer Schüssel anrichten und leicht abgekühlt mit der Quarkcreme aus dem Mixer übergießen.

Das paßt dazu: Vollkorn-Kartoffelgemüse (Rezept Seite 49) oder Waerland-Kartoffeln (Rezept Seite 47) oder Blini (Rezept Seite 40).

Das paßt als Dessert: Apfelsahne (Rezept Seite 92) oder Kiwischaum (Rezept Seite 91) oder Schoko-Obstsalat (Rezept Seite 85).

Spargelgemüse

750 g Spargel · ¼ l Wasser · 2 gehäufte Eßl. Weizen · ½ Tasse Sahne · 1 gestrichener Teel. Kochsalz oder Meersalz · 1 Messerspitze geriebene Muskatnuß · Petersilie

Pro Portion etwa 460 Joule/110 Kalorien
Zubereitungszeit: 5–10 Minuten
Garzeit: etwa 15 Minuten

Den Spargel gut waschen, schälen (Schalen nicht wegwerfen) und in Stücke schneiden. Die Spargelstücke in dem Wasser in knapp 15 Minuten gar kochen. Inzwischen den Weizen mehlfein mahlen, die Kleie aussieben und anderweitig verwenden. Das Mehl mit der Sahne, dem Salz und dem Muskat anrühren. Den Spargel, sobald er gar ist, mit einem Schaumlöffel herausheben und in eine vorgewärmte Servierschüssel füllen. Das angerührte Mehl in das kochende Spargelwasser gießen und unter Rühren 1 Minute kochen, nochmals abschmecken und die Sauce über das Gemüse gießen. Mit etwas feingehackter Petersilie bestreuen.

Das paßt dazu: Käsesoufflé (Rezept Seite 43) oder Nußkartoffeln oder Kartoffelschmarrn (Rezepte Seite 46) oder Soja-Hirse-Omelette (Rezept Seite 68).

Tip: Praktisch ist es, wenn Sie die Spargelschalen in ¾ l leicht gesalzenem Wasser 20 Minuten lang auskochen, während sie gemütlich beim Essen sitzen. Für eine Spargelsuppe am nächsten Tag (siehe Seite 24) können Sie sie einfach zugedeckt in den Kühlschrank stellen. Natürlich können Sie die Spargelbrühe auch einfrieren, um dann irgendwann (innerhalb der nächsten 3 Monate) eine Spargelsuppe daraus zu kochen.

Zuckerschoten

Zuckerschoten (auch Kefen genannt) sind Erbsen, die mit der Schote gekocht und gegessen werden.

500 g Zuckererbsen/Zuckerschoten/Kefen · 1 Tasse Wasser · etwas Butter · Petersilie

Pro Portion etwa 265 Joule/65 Kalorien
Zubereitungszeit: 5 Minuten
Garzeit: etwa 15 Minuten

Die Zuckerschoten oder Kefen waschen und die Fäden abziehen. Die Schoten mit dem Wasser in einem weiten Topf in knapp 15 Minuten gar dämpfen. Eventuell überschüssiges Kochwasser abschütten. Die Zuckererbsen mit etwas Butter und feingehackter Petersilie anrichten.

Das paßt dazu: Kartoffelschmarrn (Rezept Seite 46).

Bananengemüse
Bild Seite 35

2 Eßl. Butter · 1 mittelgroße Zwiebel · 4 Bananen · 1 gestrichener Teel. Kräutersalz · 1 Messerspitze schwarzer Pfeffer · 1 Eßl. Zitronensaft · Petersilie

Pro Portion etwa 835 Joule/200 Kalorien
Zubereitungszeit: 15 Minuten

Die Butter in einer Pfanne zerlaufen lassen, inzwischen die Zwiebel schälen und feinschneiden. Die Zwiebel in der Butter glasig oder goldgelb braten. Die Bananen schälen und in Scheiben schneiden, zur Zwiebel geben und auf kleiner Hitze unter öfterem Umrühren in knapp

10 Minuten gar dünsten. Mit dem Kräutersalz bestreuen und mit dem Pfeffer bestäuben, den Zitronensaft gleichmäßig darübergießen. Alles mischen und mit feingehackter Petersilie bestreut servieren.

Das paßt dazu: kalifornischer Reis (Rezept Seite 59) oder Pommes Duchesse (Rezept Seite 46) und ein beliebiger Salat (Rezepte Seite 76 ff.).

Umgedrehte Lauchtorte

Etwas Margarine oder Öl · 500 g Lauch/Porree · ¼ l Wasser · 1 gestrichener Teel. gemahlener Kümmel · 1 gestrichener Teel. Kräutersalz · 150 g Weizen · 5 Eier · 2 Becher saure Sahne (400 g) · 2–3 gestrichene Teel. Kräutersalz · 1 gestrichener Teel. edelsüßes Paprikapulver · 1 Messerspitze Muskatblüte (Macis)

Pro Portion etwa 1 585 Joule/375 Kalorien
Zubereitungszeit: 20 Minuten

In einer großen Deckelpfanne etwas Margarine oder Öl erwärmen, das Wasser dazugießen und zum Kochen bringen. Währenddessen den Lauch längs halbieren, vom Wurzelende und unbrauchbaren Blättern befreien, gründlich waschen und in etwa 1 cm breite Stücke schneiden. Den Lauch in der Pfanne verteilen, mit dem Kümmel und dem Kräutersalz gleichmäßig bestreuen und zugedeckt 5 Minuten kochen. Dann den Deckel abnehmen und bei starker Hitze kurz kochen, bis das meiste Wasser verdampft ist. Inzwischen den Teig zubereiten: den Weizen mehlfein mahlen, mit den Eiern, der sauren Sahne, dem Kräutersalz, dem Paprikapulver und dem Muskat gut verrühren, gleichmäßig über den Lauch gießen und zugedeckt in etwa 5–10 Minuten fest werden lassen. Vorsichtig mit

einem Bratenwender vom Boden lösen. Einen vorgewärmten großen Teller oder eine Servierplatte umgedreht auf die Pfanne legen, mit einer Hand festhalten und das Ganze umdrehen. Wie eine Torte in große Stücke schneiden.

Das paßt dazu: Tomatensalat (Rezept Seite 77).

Das paßt als Dessert: falsche Spiegeleier (Rezept Seite 91) oder Apfelgelee mit Schlagsahne (Rezept Seite 84) oder Orangenflip (Rezept Seite 95).

Variante: Lauchküchle
Wer's unkomplizierter mag, bereitet den Teig zu, wie oben beschrieben, nimmt etwas weniger Lauch, mischt ihn roh und feingeschnitten unter den Teig. Geschmacksneutrales Öl oder Olivenöl in einer Pfanne erhitzen, mit einem Eßlöffel Häufchen in das heiße Fett setzen und die Küchle auf jeder Seite gut 5 Minuten bei mittlerer Hitze braten.

Pikante Gemüsefüllung

250 g Möhren · 250 g Lauch/Porree · 100 g Champignons · 1 Tasse Sahne · 2 Tassen Wasser · 3 gestrichene Teel. Kräutersalz · 1 gestrichener Teel. Delikata · 1 Messerspitze weißer Pfeffer · 3 gehäufte Eßl. Weizen · Petersilie oder andere frische Kräuter

Pro Portion etwa 810 Joule/195 Kalorien
Zubereitungszeit: 10 Minuten

Die Möhren und den Lauch putzen, waschen und grob zerkleinern. Die Champignons putzen, waschen und halbieren. Das Gemüse zusammen mit der Sahne, dem Wasser und den Gewürzen in den Mixer füllen und fein zerkleinern. Die Mischung in eine Pfanne oder einen weiten Topf gießen und etwa 2 Minuten kochen. Währenddessen den Weizen mittelgrob mahlen und einrühren, weitere 2–3 Minuten unter Rühren kochen. Vom Herd nehmen und reichlich feingehackte Petersilie oder gemischte Kräuter unterrühren.

Paßt gut: als Füllung für Soja-Hirse-Omelette (Rezept Seite 68) oder Vollkorn-Pfannkuchen (Rezept Seite 44) oder als Beigabe zu Pellkartoffeln oder Naturreis. Kalt ist diese Gemüsefüllung ein sehr guter vegetarischer Brotaufstrich.

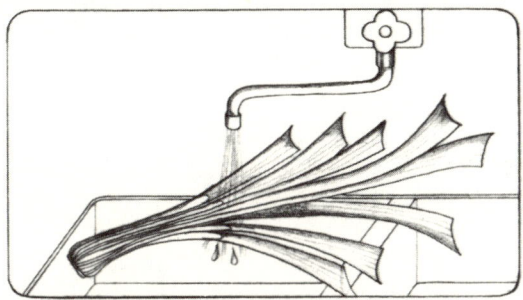

Die Stangen vom Lauch/Porree werden geputzt, längs halbiert und unter fließendem Wasser gründlich zwischen den Blättern gewaschen.

Gemüsecreme Valencia

1 kleine Paprikaschote (etwa 100 g) · 1 kleine Salatgurke (etwa 200 g) oder Zucchini · 250 g Tomaten · 1 Zwiebel · 2 Knoblauchzehen · ¼ l Sahne · 3 gestrichene Teel. Kräutersalz · 1 gestrichener Teel. edelsüßes Paprikapulver · 1 Messerspitze schwarzer Pfeffer · 2 gehäufte Eßl. Weizen · Dill, Petersilie und andere frische Kräuter

Pro Portion etwa 1 100 Joule/260 Kalorien
Zubereitungszeit: 15 Minuten

Die Paprikaschote längs halbieren, Stengelansatz und Kerne entfernen. Die Schotenhälften waschen und grob zerkleinern. Die Gurke, wenn nötig schälen (siehe Seite 24). Gurke oder Zucchini grob zerkleinern. Die Tomaten waschen und halbieren. Die Zwiebel schälen und ebenfalls halbieren. Die Knoblauchzehen schälen. Alles Gemüse mit der Sahne in den Mixer füllen, fast fein mixen und in einen Topf gießen. 2 Minuten kochen und die Gewürze zufügen. Den Weizen feinmahlen, langsam unter Rühren in die Gemüsecreme schütten und noch 2–3 Minuten kochen. Vom Herd nehmen und mit reichlich feingehackten Kräutern mischen.

Das paßt dazu: Vollkornnudeln oder Naturreis oder gekochter Mais (nach dem Rezept Seite 43, aber nicht gebraten). Die Gemüsecreme schmeckt auch kalt sehr gut als Brotaufstrich.

Das paßt als Dessert: Erdbeer-Quarkcreme (Rezept Seite 90) oder Cottage-Früchte (Rezept Seite 86).

Tip: Manche Leute reagieren empfindlich auf Paprikaschoten, sie bleiben ihnen stundenlang »im Magen liegen«. Das Problem wird gelöst, wenn Sie die grob zerkleinerte Paprikaschote kurz in kochendem Wasser blanchieren (siehe Seite 72) bevor Sie sie weiterverarbeiten.

Gefüllte Tomaten oder Gurken

8 große feste Tomaten oder 2 Salatgurken · etwas Butter · 4 Eier · 1 Tasse Milch · 1–2 gestrichene Teel. Kräutersalz · 1 Messerspitze geriebene Muskatnuß · Schnittlauch

Pro Portion etwa 580 Joule/140 Kalorien
Zubereitungszeit: knapp 10 Minuten

Gemüse hat immer Saison

Von den Tomaten an der Stielseite einen Deckel abschneiden und die Früchte aushöhlen (das Tomateninnere und die -deckel für das Kräuter-Mixgetränk unten verwenden). Oder die – wenn nötig, geschälten (siehe Seite 24) – Gurken in 5 cm lange Stücke schneiden, mit einem spitzen Küchenmesser aushöhlen und mit den Schnittflächen auf eine Platte setzen (das Ausgehöhlte der Gurken ebenfalls für das Kräuter-Mixgetränk verwenden). In einer Pfanne etwas Butter leicht erhitzen. Die Eier, die Milch, das Kräutersalz und das Muskat miteinander verquirlen, in die Pfanne gießen. Die Eimasse stocken (fest werden) lassen, dabei gelegentlich umrühren und Rührei bereiten. Mit etwas feingeschnittenem Schnittlauch mischen. Das Rührei in die Tomaten oder in die Gurkenstücke füllen. Mit Schnittlauch bestreut servieren.

Das paßt dazu: Waerland-Kartoffeln (Rezept Seite 47) oder würziger Mais (Rezept Seite 43) oder Dämpfkartoffeln (Rezept Seite 45) oder Nußkartoffeln (Rezept Seite 46) und Kräuter-Mixgetränk (Rezept unten).

Kräuter-Mixgetränk

Inneres und Deckel von 8 Tomaten oder Inneres von 2 Salatgurken (siehe vorangegangenes Rezept) oder etwa 250 g Tomaten oder Gurke · 1 Tasse Wasser · 1 Becher Joghurt · ½ Becher Sahne (100 g) · 1 gestrichener Teel. Kräutersalz · 1 Messerspitze Piccata · 1 Messerspitze weißer Pfeffer · reichlich frische gemischte Garten- oder Wildkräuter nach Wahl

Pro Portion etwa 515 Joule/125 Kalorien
Zubereitungszeit: 5 Minuten

Das Tomaten- oder Gurkeninnere in den Mixer füllen. Ganze Tomaten oder Gurke zuvor grob zerkleinern; die Gurke nur, wenn nötig, schälen (siehe Seite 24). Alle übrigen Zutaten dazugeben und alles feinmixen. Das Mixgetränk in Gläsern servieren.

Paßt gut zu: gefüllten Tomaten oder Gurken (Rezept oben).

Tip: Von Kräutern, die Sie im Mixer zusammen mit anderen Zutaten zerkleinern, brauchen Sie nur die harten Stengel entfernen. Die Kräuter brauchen nicht zuvor feingehackt werden.

Reis und Teigwaren

Natur- oder Vollreis und Vollkornnudeln sind beliebte, leicht verdauliche Nahrungsmittel. Sie haben einen viel kräftigeren Geschmack als ihre weißen »Abkömmlinge«. Ein Gericht daraus, mit Eiern, Soja oder Käse zubereitet, ist vollwertig und belastet nicht. Fleisch werden Sie dabei nicht vermissen.

Auf Seite 92 finden Sie noch ein Dessert mit Reis, auf den Seiten 54 und 57 zwei Gerichte, die mit Nudeln serviert werden.

Naturreis ist als Rundkorn- und Langkornreis im Handel. Die Kochzeit für ungeschälten Reis ist etwa doppelt so lang wie für weißen Reis. Im Gegensatz zu weißem Rundkornreis kann der ungeschälte Natur-Rundkornreis auch gut für salzige Gerichte verwendet werden. Er schmeckt genauso kräftig (Garzeit 40 Minuten, vorgequollen 20 Minuten).

Kalifornischer Reis

Bild Seite 35

2 Tassen Naturreis · 4 Tassen Wasser · 100 g Sojamarkwürfel · 1 gehäufter Teel. Pilzpulver · ¼ l Wasser · 3 säuerliche Äpfel · 100 g Rosinen · etwa 3 gestrichene Teel. Kräutersalz · 1 gestrichener Teel. Curry · eventuell etwas Butter · Petersilie

Pro Portion etwa 1 505 Joule/360 Kalorien
Quellzeit: etwa 12 Stunden (über Nacht)
Zubereitungszeit: 25 Minuten

Am Vorabend den Reis mit 4 Tassen Wasser in einen weiten Topf geben und zugedeckt etwa 12 Stunden (über Nacht) quellen lassen. Das Sojamark mit dem Pilzpulver und ¼ l Wasser in einem getrennten Gefäß quellen lassen.
Am nächsten Tag das Sojamark mit der Einweichflüssigkeit zum Reis in den Topf schütten und alles zusammen 10 Minuten kochen lassen.

Inzwischen die Äpfel vierteln, schälen, das Kernhaus entfernen und die Apfelviertel grobwürfeln. Die Rosinen waschen. Äpfel und Rosinen zum Reis geben und alles noch etwa 10 Minuten kochen, bis der Reis gar ist. Eventuell überschüssige Kochflüssigkeit abgießen. Das Gericht mit dem Kräutersalz und dem Curry abschmecken, eventuell etwas Butter zufügen. Den Reis mit feingehackter Petersilie bestreut servieren.

Das paßt dazu: Bananengemüse (Rezept Seite 55) oder Chinakohlsalat (Rezept Seite 78) oder Apfel-Sellerie-Salat (Rezept Seite 80).

Das paßt als Dessert: Sesamäpfel (Rezept Seite 94) oder Apfelgelee mit Schlagsahne oder Obst und Käse (Rezepte Seite 84).

Bunter Reistopf

2 Tassen Naturreis · 1 Päckchen oder 2 Eßl. getrocknete Steinpilze · 1½ l Wasser oder Gemüsebrühe · 1 gestrichener Eßl. gekörnte Gemüsebrühe · 1 Sellerieknolle (etwa 400 g) · 100 g frische ausgehülste oder tiefgefrorene grüne Erbsen · 2 Eßl. Tomatenmark · 3 gehäufte Eßl. Edelhefeflocken · 3 Eßl. Sojasauce · 1 gestrichener Teel. Delikata · reichlich Petersilie und Liebstöckel · eventuell etwas Butter oder Öl

Pro Portion etwa 730 Joule/175 Kalorien
Quellzeit: etwa 12 Stunden (über Nacht)
Zubereitungszeit: 25 Minuten

Am Vorabend den Reis und die Pilze mit dem Wasser oder der Gemüsebrühe in einen Topf geben und zugedeckt etwa 12 Stunden (über Nacht) quellen lassen.
Am nächsten Tag den Reis und die Pilze mit der

Reis und Teigwaren

Einweichflüssigkeit und der gekörnten Brühe 10 Minuten kochen lassen. Inzwischen die Sellerieknolle schälen und zuerst in Scheiben, dann in dünne Streifen schneiden. Die Selleriestreifen zur kochenden Brühe geben. Nach 5 Minuten Kochzeit die Erbsen zufügen und alles zusammen weitere 5 Minuten kochen. Prüfen, ob der

Je feiner Sie die Streifen vom Sellerie schneiden, um so rascher werden sie gar. Nehmen Sie dazu ein großes scharfes Messer.

Reis gar ist, dann die Herdplatte ausschalten. Den Eintopf mit dem Tomatenmark, den Hefeflocken, der Sojasauce und dem Delikata abschmecken. Feingehackte Petersilie und Liebstöckel untermischen und aufstreuen. Eventuell etwas Butter oder Öl zufügen.

Das paßt als Dessert: Plantagenquark (Rezept Seite 90) oder brauner Kirschenquark (Rezept Seite 89) oder Schoko-Obstsalat (Rezept Seite 85).

Variante: Klare Reissuppe

Eine leichte Vorsuppe oder Abendmahlzeit. Statt 2 Tassen Reis nur 1 Tasse nehmen. Tomatenmark, Hefeflocken, Sojasauce, Delikata und Liebstöckel weglassen und die fertige Suppe stattdessen nur mit Kräutersalz abschmecken und mit feingehackter Petersilie mischen.

Tip: Im Sommer können Sie statt der Sellerieknolle eine ganze Selleriepflanze mit Stielen und Blättern verwenden. Die kleinere Knolle wie oben schälen und zerkleinern. Die Blätter mit Stengeln gut waschen und feinschneiden.

Sommer-Reissuppe

ist leicht und erfrischend an heißen Tagen.

1 Tasse Naturreis · 1¼ l Wasser oder Gemüsebrühe · 1 gestrichener Eßl. gekörnte Gemüsebrühe · 1 gestrichener Teel. Curry · 1 große Salatgurke (etwa 700 g) · 2 Brisoletten (Fertigprodukt) · ½ Becher Sahne (100 g) · Saft von 1 Zitrone · Kräutersalz · reichlich Dill und Petersilie

Pro Portion etwa 1 005 Joule/240 Kalorien
Quellzeit: etwa 12 Stunden (über Nacht)
Zubereitungszeit: 25 Minuten

Am Vorabend den Reis mit dem Wasser oder der Gemüsebrühe in einen Topf geben und zugedeckt etwa 12 Stunden (über Nacht) quellen lassen.
Am nächsten Tag die gekörnte Brühe und den Curry zufügen und den Reis in der Brühe 10 Minuten kochen lassen. Inzwischen die Gurke, wenn nötig, schälen (siehe Seite 24) und in Würfel schneiden. Die Gurkenwürfel zur Suppe geben und noch etwa 10 Minuten weiterkochen. Prüfen, ob Reis und Gurke gar sind, dann die Herdplatte ausschalten. Die Brisoletten in Würfel schneiden und mit der Sahne sowie dem Zitronensaft zufügen. Die Suppe mit Kräutersalz abschmecken und reichlich feingehackte Kräuter untermischen und aufstreuen.

Das paßt als Dessert: Beeren-Reis-Schnee

(Rezept Seite 92) oder Erdbeerbrote (Rezept Seite 86) oder Erdbeer-Quarkcreme (Rezept Seite 90).

Variante: Wenn Sie der nicht mehr kochenden Suppe 100 g Hüttenkäse zufügen, so schmeckt das nicht nur gut, sondern macht die Suppe auch eiweißreicher.

Frischer Reissalat

Dieser Reissalat ist bereits eine vollständige Mahlzeit. Wenn Sie wollen, können Sie aber noch vegetarische Frikadellen (Rezepte Seite 32, 56, 66, 67 oder Fertigprodukt) dazu servieren.

2 Tassen Naturreis · 4 Tassen Wasser · 4 Eier · 1 kleine Salatgurke (etwa 400 g) · 1 Zwiebel · 4 Tomaten · 1 Apfel · 1 Teel. Senf · Saft von 1 Zitrone · 3 Eßl. Öl · 3 gestrichene Teel. Kräutersalz · 1 gestrichener Teel. Curry · Dill · Schnittlauch

Pro Portion etwa 1170 Joule/280 Kalorien
Quellzeit: etwa 12 Stunden (über Nacht)
Zubereitungszeit: 25 Minuten

Am Vorabend den Reis mit dem Wasser in einen Topf geben und zugedeckt etwa 12 Stunden (über Nacht) quellen lassen.
Am nächsten Tag den Reis mit dem Einweichwasser in etwa 20 Minuten gar kochen. Gleichzeitig die Eier in einem zweiten Topf mit Wasser bedeckt etwa 8 Minuten kochen und dann kalt abschrecken. Inzwischen die Gurke, wenn nötig, schälen (siehe Seite 24) und in Würfel schneiden. Die Zwiebel schälen und feinschneiden. Die Tomaten waschen und in Achtel schneiden. Den Apfel waschen, vierteln, das Kernhaus entfernen und die Apfelviertel würfeln. Die gekochten Eier

schälen und in Achtel schneiden. Den Senf mit dem Zitronensaft verrühren. Den Reis, sobald er gar ist, in eine Schüssel geben. Den Senf mit Zitronensaft, das Öl, das Kräutersalz und den Curry zufügen und mischen. Das vorbereitete Gemüse, die Apfelwürfel und feingeschnittene Kräuter zufügen und alles vorsichtig, doch gründlich mischen.

Das paßt als Dessert: Aprikosenquark (Rezept Seite 90), falsche Spiegeleier (Rezept Seite 91) oder Kirsch-Mandel-Creme (Rezept Seite 90).

Spaghetti mit Soja»bolognese«

2 l Wasser · 1 gestrichener Eßl. Kochsalz oder Meersalz · 250 g Vollkornspaghetti · ½ Tasse Olivenöl · 2 große Zwiebeln · 1 Bund Suppengrün · 2–3 Knoblauchzehen · 100 g gekörntes Sojamark (Hackfleischart) · 1 Dose Tomatenmark (70 g) · 1 Tasse Sahne · 2–3 gestrichene Teel. Kräutersalz · je 1 Teel. frischer, feingehackter oder getrockneter, gerebelter Thymian, Majoran, Liebstöckel und Basilikum · 1 gestrichener Teel. edelsüßes Paprikapulver · 2 Messerspitzen schwarzer Pfeffer · ½ Teel. Piccata · 1 Becher saure Sahne (200 g) oder Saft von 1 Zitrone · Schnittlauch · Petersilie

Pro Portion etwa 2740 Joule/650 Kalorien
Zubereitungszeit: 20 Minuten

Das Wasser mit dem Salz aufkochen. Die Spaghetti hineinlegen und in etwa 10–15 Minuten gar kochen, dabei ein- bis zweimal vorsichtig umrühren. Gleichzeitig das Olivenöl in einer großen Pfanne erhitzen. Die Zwiebeln schälen, grob zerkleinern und im Öl glasig braten. Inzwischen das

Reis und Teigwaren

Suppengrün putzen, waschen und zerkleinern. Die Knoblauchzehen schälen und zerdrücken (Knoblauchpresse). Wenn die Zwiebeln glasig sind, das Sojamark, das Suppengrün und den Knoblauch in die Pfanne geben. Alles zusammen etwa 5 Minuten bei mittlerer Hitze weiterbraten, dabei gelegentlich umrühren. Inzwischen das Tomatenmark mit der Sahne, dem Kräutersalz, dem Thymian, dem Majoran, dem Liebstöckel und dem Basilikum, dem Paprikapulver, dem Pfeffer, dem Piccata und 2 großen Schöpflöffeln oder 2 Tassen Spaghetti-Kochwasser anrühren. In die Pfanne gießen und verrühren. Die Pfanne zudecken und ihren Inhalt noch etwa 5 Minuten kochen lassen. Vom Herd nehmen und die saure Sahne oder den Zitronensaft unterrühren. Nochmals mit Piccata und eventuell mit Kräutersalz abschmecken. Feingeschnittenen Schnittlauch und Petersilie untermischen. Die Spaghetti auf einem großen Sieb (Durchschlag) abtropfen lassen, in eine weite Schüssel geben und die Sauce in die Mitte gießen. Mit Schnittlauch und Petersilie bestreuen.

Das paßt dazu: grüner Salat (Rezept Seite 76).

Das paßt als Dessert: Vitamin- oder Fruchtjoghurt (Rezepte Seite 86).

Für Schwaben und andere Spätzle-Liebhaber zum Schluß noch ein Zeitspar-Vorschlag für zwei aufeinanderfolgende Tage:

Vollkornspätzle mit Käse
Bild Seite 18

Die folgenden Mengenangaben bitte genau einhalten, sonst ist es für Ungeübte schwierig, die richtige Spätzleteig-Konsistenz herauszufinden. Der Teig soll zäh, aber doch noch weich und rührbar sein. Eventuell ganz wenig Wasser zufügen.
Wenn Ihre Getreidemühle nicht staubfein mahlt, müssen Sie etwas mehr Getreide mahlen (etwa 300 g) und die Kleie aussieben. Man kann sie anderweitig verwenden. Übrigens schmecken die Spätzle mit Dinkelmehl noch feiner.

250 g staubfeines oder ausgesiebtes Vollweizenmehl, frisch gemahlen · 5 große oder 6 kleine Eier · 1 gestrichener Teel. Kochsalz oder Meersalz · 1 Messerspitze Muskatblüte (Macis) · etwa 3 l Wasser · 2 gestrichene Eßl. Kochsalz oder Meersalz · 2 Zwiebeln · Butter und Öl zum Braten · 150–200 g Gouda- oder Emmentaler Käse · Petersilie · Schnittlauch

Pro Portion etwa 1690 Joule/405 Kalorien (ohne Spätzle für den Eintopf)
Quellzeit: mindestens 10 Minuten
Zubereitungszeit: 20 Minuten

Das Mehl mit den Eiern, dem Salz und der Muskatblüte gut verrühren und etwas quellen lassen. In zwei Töpfen je etwa 1½ l Wasser mit je 1 Eßlöffel Salz zum Kochen bringen. Die Spätzlepresse kurz ins kochende Wasser tauchen, halbvoll mit Teig füllen. Die Spätzle in das sprudelnd kochende Wasser des einen Topfes drücken. Wenn sie oben schwimmen, mit einem Schaumlöffel herausheben und in den zweiten Topf umfüllen (im zweiten Topf soll das Wasser nur kochend heiß sein). Dann die nächste Partie Spätzle herstellen, bis der ganze Teig verbraucht ist. Zum Schluß die fertigen Spätzle aus dem zweiten Topf auf einen Durchschlag schütten und abtropfen lassen. Inzwischen die Zwiebeln schälen, grob zerkleinern und in Butter und Öl goldbraun braten. Den Käse grobreiben. ⅔ der Spätzle in einer Schüssel mit Zwiebeln und Käse mischen oder lagenweise übereinanderschichten. Mit reichlich feingeschnittener Petersilie und

Schnittlauch bestreut servieren. Die restlichen Spätzle und 1¼ l Kochbrühe – vor allem aus dem ersten Topf – für den nächsten Tag zugedeckt in den Kühlschrank stellen.

Das paßt dazu: grüner Salat (Rezept Seite 76) oder bunter Salat (Rezept Seite 77).

Das paßt als Dessert: Schoko-Kleie-Schaum (Rezept Seite 91) oder Birnen mit Schoko-Krokant (Rezept Seite 94).

Variante: Noch schneller geht es, wenn Sie fertige Vollkornspätzle gar kochen und mit gebratenen Zwiebeln und geriebenem Käse mischen.

Tip: Die Anschaffung einer Spätzlepresse lohnt sich eventuell für den »schnellen« und »gesunden« Haushalt.

Vollkornspätzle sind schnell zubereitet und mit Rohkost zusammen eine vollwertige Mahlzeit, nicht – wie sonst üblich – nur Beilage. Handelt es sich doch um Nudeln aus frischgemahlenem Getreide.
Mit einer Spätzlepresse kann man außerdem sehr gut Kartoffeln durchdrücken. Pellkartoffeln kochen, heiß schälen, durch die Presse drücken, leicht mit Kräutersalz bestreuen und sofort als Schneekartoffeln servieren. Oder zu den durchgedrückten Kartoffeln heiße Milch, etwas Butter, Kräutersalz und Muskat geben, mit dem Schneebesen verrühren und schon haben Sie ein sehr gesundes und feines Kartoffelpüree aus Pellkartoffeln (siehe auch Rezept Seite 50).

Eine schwäbische Spezialität können Sie am zweiten Tag aus der sehr gehaltvollen Spätzlekochbrühe und den übrig gebliebenen Spätzle in vegetarischer Version servieren.

Gaisburger Marsch vegetarisch

75 g Sojamarkwürfel · 1 Päckchen oder 2 Eßl. getrocknete Steinpilze · 1¼ l Spätzlekochbrühe vom vorangegangenen Rezept · 1 Bund Suppengrün · 250 g Kartoffeln · 1 gestrichener Teel. edelsüßes Paprikapulver · 1–2 Messerspitzen schwarzer Pfeffer · 2 Zwiebeln · Butter zum Braten · Spätzle vom Vortag (⅓ des vorangegangenen Rezeptes) · Petersilie · Liebstöckel · Kräutersalz · 1–2 Eßl. Zitronensaft oder Obstessig

Pro Portion etwa 1 550 Joule/370 Kalorien
Quellzeit: etwa 12 Stunden (über Nacht)
Zubereitungszeit: 20 Minuten

Am Vortag das Sojamark und die Pilze in die Spätzlekochbrühe geben und etwa 12 Stunden (über Nacht) zugedeckt quellen lassen.
Am nächsten Tag die Brühe mit den gequollenen Zutaten aufkochen. Inzwischen das Suppengrün putzen, waschen und zerkleinern. Die Kartoffeln gut bürsten (siehe Seite 12) und mit der Schale in Würfel schneiden. Suppengrün, Kartoffelwürfel, das Paprikapulver und den Pfeffer in den Topf geben. Alles zusammen in etwa 10–15 Minuten gar kochen. In dieser Zeit die Zwiebeln schälen, grob zerkleinern und in Butter goldbraun braten. Die Zwiebeln und die Spätzle in den fertigen Eintopf geben. Mit reichlich feingehackten Kräutern mischen. Mit Kräutersalz und Zitronensaft oder Essig abschmecken.

Das paßt als Dessert: Erdbeer-Quarkcreme (Rezept Seite 90) oder Kiwi-Nuß-Quark (Rezept Seite 89) oder Bananensalat oder Schoko-Obstsalat (Rezepte Seite 85).

So gut schmeckt Soja

Manche Leute sind anderer Meinung, denn das Sojamark hat einen etwas schlechten Ruf bekommen. Wenn man es so, wie es ist, gar kocht, kann man auch wirklich keinen Gourmet damit reizen. Es ist vielleicht zu wenig bekannt, daß Sojamark aber dankbar jeden Geschmack annimmt. Darum besteht die ganze Kunst darin, es zusammen mit gut aufeinander abgestimmten Gewürzen und anderen Zutaten mit starkem Eigengeschmack einzuweichen und zu garen. Schon haben Sie eine leicht verdauliche, hochwertige, preisgünstige und köstlich schmeckende Eiweißnahrung, die alle zufriedenstellt und die keine Müdigkeit nach dem Essen aufkommen läßt.

Als Fleischersatz ist Soja praktisch und billiger. Fleisch könnte man niemals jahrelang in einem gut schließenden Behälter oder in der Packung stehenlassen, wie man es mit Sojamark machen kann. Wissenswertes über Soja und speziell Sojafleisch können Sie auf Seite 99 nachlesen. Im Reformhaus gibt es unter anderen auch ein Produkt, das bereits gesalzen ist. Bitte auf der Packung nachlesen, denn in diesem Fall müssen Sie natürlich weniger Salz oder gekörnte Gemüsebrühe bei der Zubereitung der folgenden Rezepte verwenden.

Weitere Rezepte mit Sojamark gibt es noch auf den Seiten 26, 29, 46, 59, 61 und 63.

Herzhafte Sojapfanne

Dieses Gericht sollte in einer großen Deckelpfanne (siehe Seite 10) oder einem sehr weiten Topf zubereitet werden, damit alle Zutaten »Berührung« haben und gut durchziehen können.

100 g Sojamark · 3 Tassen Wasser · 500 g Möhren · 750 g Kartoffeln · 2 leicht gehäufte Eßl. gekörnte Gemüsebrühe ·

2 Eßl. Kümmel · je 1 gehäufter Teel. getrockneter, gerebelter Thymian und Majoran · 600 g säuerliche Äpfel · 2 Zwiebeln · Butter und Öl zum Braten · 3 Eßl. Friate (Apfeldicksaft) · Petersilie · Liebstöckel

Pro Portion etwa 1 440 Joule/345 Kalorien
Quellzeit: etwa 12 Stunden (über Nacht)
Zubereitungszeit: 20 Minuten

Am Vorabend das Sojamark in dem Wasser einweichen und zugedeckt etwa 12 Stunden (über Nacht) quellen lassen.

Am nächsten Tag das Sojamark mit dem Einweichwasser in eine große Deckelpfanne oder einen weiten Topf geben und aufkochen. Inzwischen die Möhren putzen, waschen und in größere Würfel schneiden. Auf dem kochenden Sojamark verteilen. Zugedeckt kochen lassen. Die Kartoffeln gut bürsten (siehe Seite 12) und mit der Schale in Würfel schneiden. Sobald sie fertig vorbereitet sind, die Kartoffelwürfel auf den Möhren verteilen und mit der gekörnten Brühe, dem Kümmel, dem Thymian und dem Majoran gleichmäßig bestreuen. Zugedeckt weiterkochen lassen. Die Äpfel vierteln, schälen, das Kernhaus entfernen. Die Apfelviertel nochmals quer teilen und auf die Kartoffeln schichten. Noch etwa 5 Minuten zugedeckt kochen, bis die Äpfel weich und Kartoffeln und Möhren gar sind. In der Zwischenzeit die Zwiebeln schälen und grob zerkleinern. In einer separaten Pfanne in Butter und Öl goldgelb braten. Die Friate gleichmäßig auf das fertige Gericht gießen, die gebratenen Zwiebeln, feingehackte Petersilie und Liebstöckel zufügen und alles vorsichtig mischen. Zum Schluß noch mit feingehackten Kräutern bestreuen.

Das paßt als Dessert: Vitamin- oder Fruchtjoghurt (Rezepte Seite 86) oder Obstsalat (Rezept Seite 85) mit Hüttenkäse oder Cottage-Früchte (Rezept Seite 86).

So gut schmeckt Soja

Soja-Kartoffel-Curry

Dieses Gericht sollte – wie das vorherige – in einer großen Deckelpfanne (siehe Seite 10) oder einem sehr weiten Topf zubereitet werden, damit alle Zutaten »Berührung« haben und gut durchziehen können.

100 g Sojamarkwürfel · 3 Tassen heißes Wasser · 1 gehäufter Eßl. gekörnte Gemüsebrühe · 1 Eßl. Honig · 1 leicht gehäufter Eßl. getrockneter, gerebelter Majoran · 2–3 Teel. Delikata · 2 Sellerieknollen (etwa 800 g) · 1 kg Kartoffeln · 750 g säuerliche Äpfel · Petersilie · Liebstöckel · Butterflöckchen

Pro Portion etwa 1790 Joule/425 Kalorien
Quellzeit: etwa 12 Stunden (über Nacht)
Zubereitungszeit: 20–25 Minuten

Am Vorabend das Sojamark mit dem Wasser, der gekörnten Brühe, dem Honig, dem Majoran und 1 Teelöffel Delikata einweichen und etwa 12 Stunden (über Nacht) zugedeckt quellen lassen.
Am nächsten Tag das Sojamark mit dem gewürzten Einweichwasser in einer großen Deckelpfanne oder einem weiten Topf aufkochen. Inzwischen die Sellerieknollen schälen und in Würfel schneiden. Die Selleriewürfel auf dem kochenden Sojamark verteilen und 5 Minuten zugedeckt kochen lassen. Inzwischen die Kartoffeln gut bürsten (siehe Seite 12) und mit der Schale in Würfel schneiden. Die Kartoffelwürfel über dem Sellerie verteilen und weitere 5 Minuten zugedeckt kochen. Währenddessen die Äpfel vierteln, schälen, das Kernhaus entfernen. Die Apfelviertel auf die Kartoffeln geben und zugedeckt kochen lassen, bis sie leicht zerfallen und Kartoffeln und Sellerie gar sind (noch etwa 5 Minuten). 1–2 Teelöffel Delikata, feingehackte Pe-

tersilie und Liebstöckel über das Gericht streuen und alles vorsichtig, doch gründlich mischen. Butterflöckchen obenaufsetzen, feingehackte Petersilie und Liebstöckel aufstreuen.

Das paßt als Dessert: Birnen mit Schokoladensauce (Rezept Seite 94) oder Obst und Käse (Rezept Seite 84).

Variante: Wer das Curry noch schärfer mag, ersetzt einen Teil des Delikata durch Currypulver.

Sojagulasch

Sojagulasch kann genauso herzhaft wie Gulasch aus Fleisch schmecken. Es ist darüber hinaus bekömmlicher (und Sie brauchen hinterher keine Zahnstocher).

100 g Sojamarkwürfel · ½ l Wasser · 1 Päckchen oder 2 Eßl. getrocknete Steinpilze · 1 leicht gehäufter Eßl. gekörnte Gemüsebrühe · 2 Teel. Kümmel · 1 gestrichener Teel. edelsüßes Paprikapulver · 2 Messerspitzen schwarzer Pfeffer · 2 große Zwiebeln · 4 Knoblauchzehen · Öl zum Braten · 2 gehäufte Eßl. Weizen · 2 gehäufte Eßl. Grünkern · 1 Tasse süße Sahne · Petersilie · Schnittlauch · 1 Becher Joghurt oder saure Sahne (200 g)

Pro Portion etwa 890 Joule/210 Kalorien
Vorbereitungszeit: 5 Minuten (am Abend vorher)
Quellzeit: etwa 12 Stunden (über Nacht)
Zubereitungszeit: 20 Minuten

Am Vorabend das Sojamark mit dem Wasser, den Pilzen, der gekörnten Brühe und den Gewürzen einmal aufkochen, dann zugedeckt etwa 12 Stunden (über Nacht) quellen lassen.
Am nächsten Tag das Sojamark mit dem Ein-

weichwasser 10 Minuten zugedeckt kochen. Inzwischen die Zwiebeln und die Knoblauchzehen schälen. Die Zwiebeln grob zerkleinern, die Knoblauchzehen feinschneiden. Beides in Öl goldbraun braten. Den Weizen und den Grünkern feinmahlen, mit der Sahne und eventuell etwas Wasser anrühren. In die kochende Sojabrühe gießen und unter gelegentlichem Umrühren 2 Minuten kochen lassen. Das Sojagulasch mit den gebratenen Zwiebeln und feingeschnittenen Kräutern mischen und mit gekörnter Gemüsebrühe abschmecken. Den Joghurt oder die saure Sahne unterrühren.

Das paßt dazu: Kartoffeln und Äpfel oder Kartoffelpüree (Rezepte Seite 50) oder auch Vollkornnudeln oder Naturreis.

Das paßt als Dessert: Schoko-Obstsalat (Rezept Seite 85) oder Schokoladenpudding oder Vanillepudding mit Früchten (Rezepte Seite 93).

Szegediner Kraut

100 g Sojamarkwürfel · 4 Tassen Wasser · 2 gestrichene Teel. edelsüßes Paprikapulver · 1 Teel. Kümmel · 2 Messerspitzen schwarzer Pfeffer · 500 g Sauerkraut · 2 Äpfel · 2 große Zwiebeln · Öl zum Braten · 3 Eßl. Tomatenmark · Schnittlauch

Pro Portion etwa 655 Joule/155 Kalorien
Quellzeit: etwa 12 Stunden (über Nacht)
Zubereitungszeit: 20 Minuten

Am Vorabend das Sojamark mit 3 Tassen Wasser einweichen und zugedeckt etwa 12 Stunden (über Nacht) quellen lassen.
Am nächsten Tag das Sojamark mit dem Einweichwasser, 1 Teelöffel edelsüßem Paprikapul-

ver, dem Kümmel und dem Pfeffer in eine große Deckelpfanne (siehe Seite 10) oder einen weiten Topf füllen und 5 Minuten zugedeckt kochen lassen. Das Sauerkraut eventuell zerschneiden. Die Äpfel vierteln, schälen, das Kernhaus entfernen. Die Apfelviertel grob zerkleinern. Das Sauerkraut und die Äpfel auf dem Sojamark verteilen und zugedeckt in etwa 10 Minuten gar kochen. Inzwischen die Zwiebeln schälen, längs halbieren und quer in Scheiben schneiden. Die halben Zwiebelringe in Öl goldbraun braten. Das Tomatenmark mit 1 Tasse Wasser und 1 Teelöffel Paprikapulver anrühren. Die gebratenen Zwiebeln und das angerührte Tomatenmark über das fertige Kraut geben. Alles gut mischen und das Gericht mit feingeschnittenem Schnittlauch bestreut servieren.

Das paßt dazu: Majorankartoffeln (Rezept Seite 46) oder Kartoffelpüree (Rezept Seite 50).

Das paßt als Dessert: Apfelschaum (Rezept Seite 91) oder Äpfel mit Vanillesauce oder Äpfel in Nußsauce (Rezepte Seite 93).

Knusprige Sojapuffer

Diese Küchle können als »vegetarische Frikadellen« auch Beigabe für andere Gerichte sein. Es genügt dann, die halbe Menge zuzubereiten. Oder Sie frieren den Rest ein.

75 g Sojamarkwürfel · 75 g Azukibohnen · 100 g Nacktgerste · 1 gehäufter Teel. Pilzpulver · 1 gestrichener Teel. frischer, feingehackter oder getrockneter, gerebelter Salbei · 3 Messerspitzen Piccata · ¾ l Wasser · 3 Zwiebeln · 1 Ei · 2 Eigelbe · 3 gehäufte Eßl. Miso (Sojapaste) · 2 gehäufte Eßl. Vollkornbrösel (Graham-Paniermehl) · Öl zum Braten

So gut schmeckt Soja

Pro Portion etwa 1 800 Joule/430 Kalorien
Vorbereitungszeit: 10 Minuten (am Abend vor-
her)
Quellzeit: etwa 12 Stunden (über Nacht)
Zubereitungszeit: 20 Minuten

Am Vorabend das Sojamark, die Bohnen, die
Gerste, das Pilzpulver, den Salbei und das Piccata mit dem Wasser kalt aufsetzen und 5 Minuten
kochen lassen. Zugedeckt etwa 12 Stunden
(über Nacht) quellen lassen.
Am nächsten Tag das überschüssige Einweichwasser abgießen. Die Zwiebeln schälen und vierteln. Die Zwiebelviertel mit den gequollenen Zutaten durch den Fleischwolf drehen oder partie-
weise in der Moulinette zerkleinern. In eine
Schüssel geben. Das Ei, die Eigelbe, das Miso
und die Vollkornbrösel zufügen und alles gut mischen, am besten mit einer Hand gründlich verkneten. Öl in einer Pfanne erhitzen. Zwischen
beiden Handflächen flache Küchle aus dem Teig
formen und diese im heißen Öl auf jeder Seite in
knapp 5 Minuten knusprig braten.

Das paßt dazu: Apfelmeerrettich (Rezept Seite 81). Die Sojapuffer passen als Beigabe gut zu
Kartoffelpüree oder zu Kartoffeln und Äpfel
(Rezepte Seite 50) und Salaten (Rezepte Seite 76 ff.).

Das paßt als Dessert: Kiwischaum (Rezept Seite 91).

Tip: Falls Sie kein Miso zur Hand haben, können
Sie den Teig auch ohne zubereiten und nach Geschmack salzen.
Das überschüssige Einweichwasser kann man
entweder nochmals aufkochen, leicht salzen und
als Trinkbrühe zum Essen servieren oder als
Grundlage für eine Reissuppe verwenden.

Sojaküchle

Diese Sojaküchle sind richtige »Proteinbom-
ben«, denn sie enthalten besonders viel wertvolles Eiweiß.

*100 g gekörntes Sojamark (Hackfleischart) ·
⅜ l Wasser · 2 große Zwiebeln ·
3 Knoblauchzehen · 2 gehäufte Eßl. Miso
(Sojapaste) · 50 g zarte Haferflocken ·
3 gestrichene Eßl. Sojamehl · 3 gestrichene Eßl.
Edelhefeflocken · 2 Eier · 1 Teel. frisches,
feingehacktes oder getrocknetes, gerebeltes
Basilikum · Öl zum Braten*

Pro Portion etwa 1 480 Joule/350 Kalorien
Zubereitungszeit: 20 Minuten

Das Sojamark in eine Schüssel geben und mit
¼ l kochendem Wasser übergießen. Die Zwiebeln und die Knoblauchzehen schälen und in der
Moulinette zerkleinern oder mit dem Messer
feinschneiden. Das Miso in einem Schüsselchen
mit ⅛ l heißem Wasser übergießen, mit einer Gabel zerdrücken, glattrühren. Die zerkleinerten
Zwiebeln und Knoblauchzehen, das angerührte
Miso, die Haferflocken, das Sojamehl, die Hefeflocken, die Eier und das Basilikum zu dem Sojamark in die Schüssel geben und alles gut mischen. Öl in einer Pfanne erhitzen. Mit einem Eßlöffel Häufchen vom Teig in das heiße Fett setzen
und die Küchle auf jeder Seite in etwa 5 Minuten
knusprig braun braten.

Das paßt dazu: Gurkensalat oder bunter Salat
(Rezepte Seite 77).

Das paßt als Dessert: frisches Obst je nach Jah-
reszeit.

Variante: Die Sojamasse eignet sich auch gut
zum Füllen von Gurken oder Zucchini. Sie wer-

Bild rechts: So gelingt die schmackhafte Spinattorte. ▷
Rezept Seite 74.
Zum Bild auf Seite 70: Sehr delikat und sofort servier-
bereit, die Kartoffelpfanne. Rezept Seite 73.

den ausgehöhlt (Gurken, wenn nötig, schälen; siehe Seite 24) und mit der Sojamasse gefüllt. Mit wenig Wasser in eine Deckelpfanne setzen und in etwa 15 Minuten zugedeckt gar dünsten. Das fertige Gericht mit Butterflöckchen belegen und mit feingehackten Kräutern bestreuen.

Tip: Falls kein Miso zur Verfügung steht, bereiten Sie den Teig mit Kräutersalz nach Geschmack zu. Dann aber noch mit etwas Pfeffer und Paprikapulver nachwürzen.

Soja-Hirse-Omelette

Sie sind in der Konsistenz etwas fester als die richtigen Omeletten, aber im Geschmack fast noch feiner.

2 Tassen Hirse · 2 Tassen Wasser · 1 Tasse Sojamehl (40 g) · 1 Tasse Milch · 4 Eier · 2 gestrichene Teel. Kochsalz oder Meersalz · 2 Messerspitzen geriebene Muskatnuß · Öl zum Braten

Pro Portion etwa 2 205 Joule/525 Kalorien
Quellzeit: etwa 12 Stunden (über Nacht)
Zubereitungszeit: 15 Minuten

Am Vorabend die Hirse mit dem Wasser einweichen und zugedeckt etwa 12 Stunden (über Nacht) quellen lassen.
Am nächsten Tag die Hirse mit dem Einweichwasser und allen übrigen Zutaten (bis auf das Öl) in den Mixer füllen und feinmixen; das dauert etwa 90 Sekunden (den Mixer zwischendurch ausschalten – Höchstlaufzeit beachten). In einer beschichteten Pfanne Öl erhitzen, jeweils so viel Teig hineingießen, daß hauchdünne Omeletten entstehen. 1–2 Minuten bräunen lassen, wenden und fertig braten. Zwischendurch den Teig im

Mixer oder Gießgefäß umrühren, da sich die Hirse leicht absetzt.

Das paßt dazu: pikante Gemüsefüllung (Rezept Seite 56) oder Spargelgemüse (Rezept Seite 55) oder Kräuterblumenkohl (Rezept Seite 52) oder auch beliebige Salate (Rezepte Seite 76 ff.).

Das paßt als Dessert: Erdbeerbrote (Rezept Seite 86) oder Erdbeer-Quarkcreme (Rezept Seite 90).

Variante: Falls Sie die Omelette nicht mit der pikanten Gemüsefüllung servieren, können Sie den Teig mit ½ Teelöffel Delikata pikanter machen.

Pfannen-Schnellgerichte

Es muß nicht immer Eintopf sein, wenn es schnell gehen soll. Eine komplette Mahlzeit aus der Pfanne, das ist die neue Koch-Idee zum Zeit- und Energiesparen! Zutaten, die etwa die gleiche Garzeit haben und gut zueinander passen, werden in einer großen Deckelpfanne übereinander geschichtet und mit ganz wenig Wasser gar gedünstet. Das geht schnell, und dadurch, daß alle Zutaten »Berührung« haben, entstehen ganz köstliche Gerichte. Welche Geräte dazu am besten geeignet sind, sehen Sie im Kapitel »So sparen Sie Zeit« auf Seite 9.
Eine ganze Reihe weiterer Gerichte dieses Buches werden ebenfalls am besten in einer Deckelpfanne zubereitet, entsprechende Hinweise finden Sie bei den Rezepten.

Blumenkohl in gelbem Nest

1 mittelgroßer Kopf Blumenkohl · Kochsalz oder Meersalz · 2 Tassen Hirse · 4 Tassen Wasser · 2 gestrichene Teel. Delikata · 2 gestrichene Teel. Kräutersalz · 1 Messerspitze Muskatblüte (Macis) · 100 g Goudakäse · 3 Eier · ⅛ l Sahne · ⅛ l Milch · 1 Messerspitze weißer Pfeffer · 500 g Tomaten · Petersilie

Pro Portion etwa 2040 Joule/485 Kalorien
Zubereitungszeit: 10 Minuten
Garzeit: 15–20 Minuten

Den Blumenkohl in Röschen zerteilen, größere halbieren. Die Röschen in Salzwasser waschen und darin liegen lassen. In eine große Deckelpfanne die Hirse, das Wasser, 1 Teelöffel Delikata, das Kräutersalz und die Muskatblüte geben, aufkochen und umrühren. Die Blumenkohlröschen abtropfen lassen, auf der Hirse verteilen. Den Deckel schließen (Ventil zu) und das Gericht in etwa 10–15 Minuten gar dünsten. Inzwischen den Käse grobreiben, mit den Eiern, der Sahne, der Milch, 1 Teelöffel Delikata und dem Pfeffer in den Mixer füllen und feinmixen. Sobald der Blumenkohl gar ist, den Inhalt des Mixers gleichmäßig darübergießen, und noch 2–3 Minuten zugedeckt stocken lassen. Währenddessen die Tomaten waschen und halbieren, die Schnittflächen nach Wunsch mit etwas Kräutersalz und Pfeffer bestreuen. Die Tomatenhälften als Kranz rings um das fertige Gericht legen und feingehackte Petersilie in die Mitte streuen. In der Pfanne servieren.

Das paßt als Dessert: Bananensalat (Rezept Seite 85).

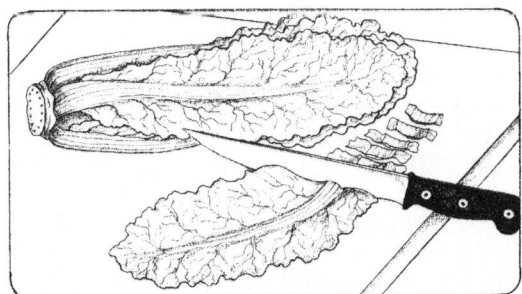

Man kann die längliche Chinakohlstaude auch zerpflücken, waschen und die Blätter dann aufeinandergelegt in Streifen schneiden.

Pe-Tsai-Pfanne

50 g Fett, Butter und Margarine gemischt · 200 g altbackenes Weizenschrotbrot (Grahambrot) · ½ l warmes Wasser · 2 gestrichene Eßl. gekörnte Gemüsebrühe · 2 gestrichene Teel. Pilzpulver · 1 Messerspitze schwarzer Pfeffer · 1 kg Chinakohl · 1 Teel. Kümmel · 2 gestrichene Teel. Kräutersalz · 1 gestrichener Teel.

Pfannen-Schnellgerichte

edelsüßes Paprikapulver · 3 Eier · 1 Eiweiß · ½ Tasse Sahne · 1 gestrichener Teel. Delikata · 1 Messerspitze Muskatblüte (Macis) · 1 Bund Schnittlauch · 4 Tomaten

Pro Portion etwa 1565 Joule/375 Kalorien
Zubereitungszeit: 20 Minuten

Das Fett in einer großen Deckelpfanne erhitzen. Das Brot in grobe Würfel schneiden und im Fett anbraten. Das Wasser mit der gekörnten Brühe, dem Pilzpulver und dem Pfeffer über das Brot gießen und stark kochen lassen. Den Chinakohl putzen, waschen, einmal längs durchschneiden und quer in etwa 1 cm dicke Scheiben schneiden. Die Kohlstreifen auf dem Brot verteilen und mit dem Kümmel, 1 Teel. Kräutersalz und dem Paprikapulver gleichmäßig bestreuen. Den Deckel auflegen, aber nicht ganz schließen und das Gemüse mit dem Brot etwa 10 Minuten bei mittlerer Hitze dünsten. Die Eier, das Eiweiß, die Sahne, 1 Teelöffel Kräutersalz, das Delikata und die Muskatblüte miteinander verquirlen und gleichmäßig über den Chinakohl gießen. Den Deckel wieder schließen und die Eimasse etwa 5 Minuten stocken (fest werden) lassen. Mit dem feingeschnittenen Schnittlauch bestreuen und mit den halbierten Tomaten garnieren.

Das paßt als Dessert: Orangenflip oder Bananenbecher Amanda (Rezepte Seite 95) oder Vitaminjoghurt oder Fruchtjoghurt (Rezepte Seite 86).

Krautfleckerl

1 l Wasser · 1 gestrichener Eßl. Kochsalz oder Meersalz · ½ Tasse Obstessig · 1 kleiner Kopf Weißkohl (etwa 900 g) · 50 g Margarine · 2 große Zwiebeln · 250 g helles Vollkornbrot, zum Beispiel Grahambrot · 1 gestrichener Teel. Kräutersalz · 1 Teel. Kümmel · 1 gestrichener Teel. edelsüßes Paprikapulver · 2 Messerspitzen schwarzer Pfeffer · 1 Becher Crème fraîche (200 g) · Petersilie, Schnittlauch und/oder Liebstöckel

Pro Portion etwa 1970 Joule/470 Kalorien
Zubereitungszeit: etwa 25 Minuten

Das Wasser mit dem Salz und dem Essig zum Kochen bringen. Am Weißkohl die äußeren Blätter entfernen, den Kohlkopf vierteln, den Strunk entfernen. Die Viertel nochmals längs teilen und dann quer in etwa 2 cm breite Streifen schneiden, so daß Quadrate entstehen. Den Kohl im kochenden Essigwasser blanchieren, das heißt etwa 1 Minute kochen und auf einem großen Sieb (Durchschlag) abtropfen lassen. Inzwischen die Margarine in einer großen Deckelpfanne erhitzen. Die Zwiebeln schälen, längs halbieren und quer in dünne Scheiben schneiden. Die halben Zwiebelringe in der Margarine kurz anbraten. Das Brot in dünne Scheiben schneiden, dann in Quadrate. Die Brotstückchen zu den Zwiebeln geben und beides kurz und kräftig anbräunen. Den Kohl darüber verteilen, mit dem Kräutersalz, dem Kümmel, dem Paprikapulver und dem Pfeffer gleichmäßig bestreuen und die Crème fraîche darübergießen. Alles bei geschlossenem Deckel etwa 5 Minuten dünsten. Wenden, so daß der Kohl jetzt unten liegt, und nochmals zugedeckt kurz dünsten. Mit frischen Kräutern bestreut in der Pfanne servieren.

Das paßt als Dessert: Cottage-Früchte (Rezept Seite 86) oder Obstsalat (Rezept Seite 85) oder Obst und Käse (Rezept Seite 84).

Delikate Kartoffelpfanne

Bild Seite 70

*1 kg Kartoffeln · 1 Tasse Wasser ·
1 gestrichener Eßl. gekörnte Gemüsebrühe ·
2 Eßl. Sojasauce · 100 g frische oder
tiefgefrorene grüne Erbsen · 500 g Tomaten ·
5 Eier · 1 Becher Sahne (200 g) · 2 gehäufte Eßl.
Edelhefeflocken · 2 gestrichene Teel.
Kräutersalz · 1 gestrichener Teel. Delikata ·
2 Messerspitzen schwarzer Pfeffer ·
2 Messerspitzen Piccata · 1 Bund Schnittlauch*

Pro Portion etwa 1 850 Joule/440 Kalorien
Zubereitungszeit: 25 Minuten

Die Kartoffeln gut bürsten (siehe Seite 12) und
mit der Schale in Würfel schneiden. Mit dem
Wasser in eine große Deckelpfanne geben. Die
gekörnte Brühe darüberstreuen, die Sojasauce
gleichmäßig daraufträufeln. Die Erbsen obenauf
verteilen. Den Deckel schließen (Ventil zu) und
die Kartoffeln und Erbsen in etwa 10–15 Minuten
garen. Inzwischen die Tomaten waschen und in
Scheiben schneiden. Die Eier mit der Sahne, den
Hefeflocken und den Gewürzen verquirlen.
Wenn die Kartoffeln gar sind, die Tomatenscheiben darüberschichten. Die Eimasse gleichmäßig
darübergießen. Den Deckel wieder schließen
und die Eimasse in etwa 5 Minuten bei schwacher bis mittlerer Hitze stocken (fest werden)
lassen. Das fertige Gericht mit dem feingeschnittenen Schnittlauch bestreuen und in der Pfanne
servieren.

Das paßt als Dessert: Vitamin- oder Fruchtjoghurt (Rezepte Seite 86) oder brennende Himbeeren (Rezept Seite 94).

Maisblume

*2 Tassen grober Maisgrieß · 4 Tassen Wasser ·
2 gestrichene Eßl. gekörnte Gemüsebrühe ·
1 gestrichener Teel. Delikata · 1 gestrichener
Teel. Knoblauchsalz · 1 Messerspitze geriebene
Muskatnuß · 500 g frischer Spinat oder 400 g
tiefgefrorener Blattspinat · 1 Tasse Sahne ·
etwas frisch gemahlener schwarzer Pfeffer ·
2 Eier · 60 g Goudakäse · 30 g geschälte
Walnüsse · 2 gehäufte Eßl. Vollkornbrösel
(Graham-Paniermehl) · 1 Tasse Milch oder
Sahne · 1 gestrichener Teel. Kräutersalz ·
½ Teel. edelsüßes Paprikapulver · 1 Messerspitze
Muskatblüte (Macis) · ½ Bund Schnittlauch*

Pro Portion etwa 1 925 Joule/460 Kalorien
Vorbereitungszeit: tiefgefrorenen Spinat an-
tauen lassen
Zubereitungszeit: 20–25 Minuten

Den Maisgrieß, das Wasser, 1 Eßlöffel gekörnte
Brühe, das Delikata, das Knoblauchsalz und das
Muskat in einer großen Deckelpfanne aufkochen
und umrühren. Den Deckel schließen (Ventil zu)
und den Mais 10 Minuten bei schwacher Hitze
kochen lassen. Den Herd ausschalten und die
Pfanne auf der Herdplatte stehenlassen. Währenddessen den frischen Spinat waschen, blanchieren (siehe Seite 31) und grobhacken. Den
Spinat mit der Sahne und 1 Eßlöffel gekörnter
Brühe in einen weiten Topf geben, mit etwas
Pfeffer bestreuen und etwa 5 Minuten kochen. In
den Maisgrieß von der Mitte aus strahlenförmig
Vertiefungen eindrücken, am besten mit der
Wölbung eines Eßlöffels. Da hinein den Spinat
verteilen. Die Pfanne wieder zudecken. Den
Käse grobreiben, mit den Eiern, den Nüssen,
den Bröseln, der Milch oder Sahne, dem Kräutersalz, dem Paprikapulver und der Muskatblüte
in den Mixer füllen und feinmixen. Die Mischung
in den leeren Spinattopf gießen und unter Rüh-

ren mit einem Schneebesen ein paarmal kurz aufkochen lassen. Den feingeschnittenen Schnittlauch untermischen. Die feste Creme in der Mitte der Maisblume kuppelförmig aufschichten und etwas Paprikapulver in die Mitte streuen.

Das paßt als Dessert: Obstsalat (Rezept Seite 85) oder Sesamäpfel (Rezept Seite 94) oder Vitaminjoghurt (Rezept Seite 86).

Spinattorte
Bild Seite 69

750 g frischer Spinat oder 400 g tiefgefrorener Blattspinat · 100 g Weizen · 100 g Doppelrahm-Frischkäse · 200 g Magerquark · 2 Eßl. weiche Butter · 4 Eier · 1 gestrichener Eßl. Kräutersalz · 1 gestrichener Teel. edelsüßes Paprikapulver · 2 Messerspitzen geriebene Muskatnuß · 2 Messerspitzen schwarzer Pfeffer · Fett zum Braten · 100 g Gouda- oder Emmentaler Käse · 1 gestrichener Teel. Delikata · 1 Bund Radieschen · eventuell Petersilie (wenn tiefgefrorener Spinat verwendet wird)

Pro Portion etwa 2000 Joule/475 Kalorien
Vorbereitungszeit: tiefgefrorenen Spinat bei Zimmertemperatur 3–4 Stunden zugedeckt auftauen lassen
Zubereitungszeit: 10 Minuten
Garzeit: 15–20 Minuten

Den frischen Spinat waschen, einige schöne große Blätter zurücklassen. Den Rest blanchieren (siehe Seite 31) und abtropfen lassen. Den Weizen mehlfein mahlen. Den Frischkäse mit einer Gabel zerdrücken. Alle Zutaten für den Teig – Mehl, Frischkäse, Quark, Butter, Eier, Kräuter-

salz, Paprikapulver, Muskat und Pfeffer – in einer Schüssel rasch verrühren. Den Spinat grobhakken und unter den Teig mischen. In eine Deckelpfanne wenig Fett geben, den Teig einfüllen und glattstreichen. Den Deckel schließen (Ventil zu). Die Spinattorte 10 Minuten bei mittlerer Hitze backen. Dann mit einem flachen Teller wenden, das heißt den Teller umgedreht auf die Spinattorte legen, eine Hand auf den Teller halten und zusammen mit der Pfanne umdrehen. Dann das Ganze vom Teller wieder in die Pfanne gleiten lassen, so daß jetzt die andere Seite noch 5–10 Minuten gebacken werden kann. Den Käse reiben, mit dem Delikata mischen und obenauf verteilen. Kurz zerlaufen lassen. Die Pfanne vom Herd nehmen. Oder den Käse ganz kurz unter dem Grill gratinieren. Die Spinattorte auf eine vorgewärmte Platte gleiten lassen oder in der Pfanne servieren. Die zurückgelassenen Spinatblätter von der Mitte aus wie eine Blume anordnen, die geputzten ganzen Radieschen in der Mitte bergartig anrichten. Wenn Sie tiefgefrorenen Spinat verwendet haben, können Sie auch aus Petersilie eine Blume anordnen.

Das paßt als Dessert: Erdbeeren mit Schlagsahne oder Vitaminjoghurt (Rezept Seite 86).

Tip: Aufläufe wie diese Spinattorte kann man natürlich auch – ohne Wenden – in einer gefetteten Auflaufform im Backofen backen; Backzeit für das obige Rezept etwa 30 Minuten, bei guter Mittelhitze (Garprobe mit einem Löffelstiel). Den Käse erst kurz vor Ende der Backzeit aufstreuen.

Feine Spinatpfanne

2 Tassen Wasser · 1 kg Kartoffeln · 2 gestrichene Eßl. gekörnte Gemüsebrühe · 2 gestrichene Teel. Knoblauchsalz ·

Pfannen-Schnellgerichte

2 Messerspitzen schwarzer Pfeffer ·
2 Zwiebeln · Öl und Butter zum Braten · 1 kg
frischer oder 600 g tiefgefrorener Blattspinat ·
1 Tasse Sahne · 2 gestrichene Teel. Delikata ·
1 gestrichener Teel. Kräutersalz ·
1 Messerspitze Muskatblüte (Macis) · 4 Eier ·
200 g Gouda- oder Emmentaler Käse · eventuell
Butterflöckchen · Tomaten zum Garnieren

Pro Portion etwa 2 470 Joule/560 Kalorien
Vorbereitungszeit: tiefgefrorenen Spinat etwa
1 Stunde antauen lassen
Zubereitungszeit: 25 Minuten

Das Wasser in eine große Deckelpfanne gießen.
Die Kartoffeln gut bürsten (siehe Seite 12) und
mit der Schale in Scheiben schneiden. Die Hälfte
der Kartoffelscheiben in der Pfanne verteilen, mit
der halben Menge der gekörnten Brühe, des
Knoblauchsalzes und des Pfeffers gleichmäßig
bestreuen. Die restlichen Kartoffelscheiben und
Gewürze genauso in die Pfanne schichten. Den
Deckel schließen (Ventil zu) und die Kartoffeln
10 Minuten dünsten. Die Zwiebeln schälen und
würfeln. Öl und Butter in einer anderen Pfanne
erhitzen und die Zwiebelwürfel darin goldbraun
braten. Inzwischen den frischen Spinat waschen, blanchieren (siehe Seite 31) und abtropfen lassen. Den abgetropften oder den angetau-
ten Spinat grob zerschneiden. Die Sahne mit
1 Teelöffel Delikata, dem Kräutersalz und der
Muskatblüte verrühren. Zuerst die gebratenen
Zwiebeln, dann den vorbereiteten Spinat auf den
Kartoffeln gleichmäßig verteilen. Die gewürzte
Sahne gleichmäßig darübergießen. Mit einem
Eßlöffel vier Vertiefungen für die Eier hineindrük-
ken. Die Eier ganz hineinschlagen. Den Deckel
schließen und das Gericht 5 Minuten bei starker
Hitze dünsten, dann wieder auf schwache Hitze
zurückschalten. Inzwischen den Käse grobreiben und mit 1 Teelöffel Delikata mischen. Wenn
die Kartoffeln gar und die Eier gestockt sind, den
Käse obenaufstreuen oder mit Butterflöckchen
belegen und ganz kurz unter dem Grill überbak-
ken. Tomatenhälften als Kranz rings um das Gericht anordnen. In der Pfanne servieren.

Das paßt als Dessert: Apfelgelee (Rezept Seite 84) oder Apfelschaum (Rezept Seite 91).

Hirse-Beeren-Pfanne

Zum Schluß ein süßer »Auflauf« in der Pfanne,
den Sie nach Belieben als Hauptgericht oder als
Nachspeise servieren können.

½ l Milch · 175 g Hirse · 2 Messerspitzen
Delifrut · 4 Eßl. Honig · 250 g gemischte Beeren,
zum Beispiel rote und schwarze Johannisbeeren
und Himbeeren oder Erdbeeren, frisch oder
tiefgefroren (ohne Zucker) · ¼ l Sahne oder
Milch und Sahne gemischt · 2 Eier ·
3 Messerspitzen Vanille

Pro Portion etwa 2230 Joule/530 Kalorien
Zubereitungszeit: 25 Minuten (tiefgefrorene
Beeren zuvor antauen lassen)

In eine große Deckelpfanne die kalte Milch, die
Hirse und das Delifrut geben und 5 Minuten kochen lassen. Dann 2 Eßlöffel Honig einrühren, die
Pfanne zudecken und die Mischung auf dem ab-
geschalteten Herd 10 Minuten stehenlassen. Die
Beeren waschen, gut abtropfen lassen und verlesen. Die Beeren auf der Hirse verteilen. Die
restlichen Zutaten im Mixer oder mit dem
Schneebesen gut verquirlen, gleichmäßig über
die Hirse gießen und etwas einmischen. Den
Herd wieder einschalten und das Ganze noch
etwa 5 Minuten stocken lassen.

Das paßt davor: Frittatensuppe (Rezept Seite 44).

Salate, die Vitaminspender

Salate sind ein wesentlicher Bestandteil der Vollwertküche. Sie sind natürliche Rohkost, die uns mit lebenswichtigen Vitalstoffen versorgt. Wir verwenden daher nur ein natürliches, das heißt ein kaltgepreßtes Öl, das den Salat mit fettlöslichen Vitaminen ergänzt. Die meisten Öle und Fette werden durch Heißpressen, Extrahieren oder Raffinieren gewonnen. Sie gehören nicht in die Vollwertküche, denn ihre Vitalstoffe sind durch die Herstellungsmethoden zerstört worden.

Und keine Angst vor Sahne in der Salatsauce! Sahne ist das natürliche Milchfett. Sein Ruf, den Cholesterinspiegel zu erhöhen, ist durch neuere Forschungen nicht bestätigt worden. Butter und Sahne sind sehr bekömmliche Fette. Wenn Sie Ihren Salat mit Sahne statt mit Öl anmachen, so wird der Fettgehalt nicht höher, denn Sahne enthält ja nur 30% Fett. Sie bietet außerdem noch wertvolles Milcheiweiß und Milchzucker, viele Vitamine und Mineralstoffe.

Joghurt und Quark sind für Salatsaucen ebenfalls zu empfehlen. Durch die Milchsäure wird das rohe Gemüse bekömmlicher. Statt Joghurt können Sie auch Kefir oder Dickmilch verwenden.

Die meisten Salate können Sie ganz nach Belieben in Ihren Speiseplan einfügen – möglichst jeden Tag sollte ein Salat oder Rohkost auf den Tisch kommen. Ich habe deshalb bei den folgenden Rezepten darauf verzichtet, spezielle Vorschläge für passende Hauptgerichte zu machen. Wenn ein bestimmter Salat eine Hauptspeise ganz besonders gut ergänzt, finden Sie den Hinweis dazu in den anderen Kapiteln.

Grüne Salate

1 Kopfsalat, 1 Kopf Endivien- oder Zichoriensalat oder 200–250 g Feldsalat · 2 Eßl. Öl · ½–1 Teel.

Kräutersalz · Saft von ½ Zitrone · eventuell etwas frischgemahlener Pfeffer und 1 kleine Zwiebel

Pro Portion etwa 220 Joule/50 Kalorien
Zubereitungszeit: 5–10 Minuten

Die Blätter vom Salatkopf lösen, mehrmals gut waschen, gründlich abtropfen lassen und zerkleinern (Kopfsalat reißen, Endivien- oder Zichoriensalat feinschneiden, Feldsalatblätter ganz lassen). Das Öl, das Salz und den Zitronensaft auf die Salatblätter geben und vorsichtig mischen. Nach Geschmack etwas Pfeffer und etwas feingeschnittene Zwiebel untermischen.

Variante: Kressesalat

Zubereitung wie oben. Die Blättchen ganz lassen oder nur einmal durchschneiden. Etwa die richtige Menge für 4 Personen ist 100 g Kresse, 1 Eßlöffel Öl, ½ Teelöffel Kräutersalz, 1 Eßlöffel Zitronensaft.

Variante: Vitaminreicher Salat

Feldsalat, Endivien- oder Zichoriensalat zubereiten wie oben beschrieben, zusätzlich 2 Orangen schälen, halbieren, in dünne Scheiben schneiden und unter den Salat mischen. 3 Eßlöffel Crème fraîche mit 1 Eßlöffel Wasser, 1 Teelöffel Zitronensaft und wenig frisch gemahlenem weißem Pfeffer anrühren. Die Creme auf den angerichteten Salat geben. Erst bei Tisch untermischen.

Grün-roter Salat

1 Kopfsalat · 500 g Tomaten ·
½ Becher Sahne (100 g) · Saft von ½ Zitrone ·
1 gestrichener Teel. Kräutersalz ·
1 Messerspitze schwarzer Pfeffer · Schnittlauch

Salate, die Vitaminspender

Pro Portion etwa 450 Joule/110 Kalorien
Zubereitungszeit: knapp 10 Minuten

Die Blätter vom Salatkopf lösen, mehrmals gut waschen, gründlich abtropfen lassen und etwas zerkleinern. Die Tomaten waschen und in Scheiben oder Spalten schneiden. Die Sahne mit dem Zitronensaft, dem Kräutersalz und dem Pfeffer verquirlen, über den Salat gießen und alles vorsichtig mischen. Feingehackten Schnittlauch aufstreuen.

Varianten: Statt Kopfsalat Endivien- oder Zichoriensalat (»Zuckerhut«) verwenden. Die darin enthaltenen Bitterstoffe regen Leber und Galle an. In der Vollwertküche läßt man daher den geschnittenen Salat nie im Wasser liegen, um die Bitterstoffe auszulaugen. Der vitaminreiche Feldsalat ist ebenfalls geeignet.

Bunter Salat

1 kleine Salatgurke · 250 g Tomaten · 1 Kopf grüner Salat · 2 Eßl. Öl · 2 Eßl. Sahne · 1 gestrichener Teel. Kräutersalz · 1 Messerspitze schwarzer Pfeffer · Saft von ½ Zitrone

Pro Portion etwa 260 Joule/60 Kalorien
Zubereitungszeit: 5–10 Minuten

Die Gurke und die Tomaten waschen, die Gurke, falls nötig (siehe Seite 24), schälen, beides in Scheiben schneiden. Den Salat waschen, gründlich abtropfen lassen und die Blätter etwas zerreißen. Alles in eine Schüssel geben. Das Öl, die Sahne, das Kräutersalz, den Pfeffer und den Zitronensaft gut miteinander verrühren, kurz vor dem Essen über den Salat gießen und vorsichtig mischen.

Tomatensalat

750 g Tomaten · 1 kleine Zwiebel oder Schalotte · 3 Eßl. Öl · 2 gestrichene Teel. Kräutersalz · 1–2 Messerspitzen frisch gemahlener schwarzer Pfeffer · Schnittlauch

Pro Portion etwa 430 Joule/100 Kalorien
Zubereitungszeit: 5–10 Minuten

Die Tomaten waschen und in Scheiben schneiden. Die Zwiebel oder Schalotte schälen, feinschneiden, mit dem Öl, dem Kräutersalz und dem Pfeffer zu den Tomaten geben. Alles gut mischen und mit feingeschnittenem Schnittlauch bestreut servieren.
Noch schneller geht es, wenn Sie die Zwiebel weglassen und statt dessen reichlich feingeschnittenen Schnittlauch untermischen.

Gurkensalat

1 Salatgurke · ½ Becher Sahne (100 g) · 1–2 Teel. Kräutersalz · 1 Messerspitze schwarzer Pfeffer · Saft von ½ Zitrone · 1 Bund Dill

Pro Portion etwa 370 Joule/90 Kalorien
Zubereitungszeit: 5 Minuten

Die Gurke waschen, wenn nötig (siehe Seite 24), schälen und in dünne Scheiben schneiden. Die Sahne mit dem Kräutersalz, dem Pfeffer und dem Zitronensaft verrühren, über die Gurkenscheiben gießen, mischen und kurz durchziehen lassen. Den feingehackten Dill untermischen und aufstreuen.

Chinakohlsalat

Wenn Sie Chinakohl kaufen, ist es praktisch, den oberen Teil einer großen Staude für den Salat zu verwenden und den unteren, festen Teil als Gemüse zu kochen oder zu dünsten.

1 Kopf Chinakohl (etwa 400 g) · 1 Eßl. Öl · 3 Eßl. Sahne · Saft von ½–1 Zitrone · 1–2 Teel. Kräutersalz · 1 Messerspitze Piccata · frische Kräuter nach Wahl

Pro Portion etwa 370 Joule/90 Kalorien
Zubereitungszeit: 5 Minuten

Die Chinakohlblätter gut waschen, abtropfen lassen und feinschneiden. Das Öl, die Sahne, den Saft von ½ Zitrone, 1 Teelöffel Kräutersalz und das Piccata miteinander verquirlen, über den Chinakohl gießen und gut mischen. Mit Kräutersalz und Zitronensaft abschmecken. Feingehackte Kräuter untermischen und aufstreuen.

Spargelsalat mit Nüssen

500 g frischer Spargel · 200 g Magerquark · 1 Tasse Sahne · 30 g geschälte Walnüsse · 1 Ei · 1 Teel. Honig · 1 Teel. Senf · 2 gestrichene Teel. Kräutersalz · 1 Messerspitze weißer Pfeffer · Saft von 1 Zitrone · 1 Schalotte oder 1 kleine Zwiebel · frische Kräuter, zum Beispiel Dill, Petersilie, Estragon und Zitronenmelisse

Pro Portion etwa 765 Joule/180 Kalorien
Zubereitungszeit: 10 Minuten

Den Spargel waschen, schälen und in etwa 2 cm lange Stücke schneiden. Den Quark, die Sahne, die Nüsse, das Ei, den Honig, den Senf, das

Kräutersalz, den Pfeffer, den Zitronensaft, die geschälte, halbierte Schalotte oder Zwiebel und die unzerkleinerten Kräuter in den Mixer füllen und feinmixen. Die cremige Sauce über die rohen Spargelstücke gießen und etwas durchziehen lassen.

Tip: Die Spargelschalen nicht wegwerfen, sondern in ¾ l Wasser 20 Minuten auskochen und den Sud leicht gesalzen als Trinkbrühe zum Essen servieren oder eine Spargelsuppe (siehe Seite 24) daraus kochen.

Varianten: Die sehr delikate Sauce paßt auch gut zu gekochten Blumenkohlröschen oder rohem, grobgeriebenem Kohlrabi oder rohen, gewürfelten Zucchini.
Oder Sie können mit der Sauce einen Sellerie-Apfel-Salat aus 3 Teilen rohem, grobgeriebenem Apfel, 1 Teil feingeriebener Sellerieknolle, mit der Sauce übergossen, zubereiten.
Als pikantes Dessert können Sie rohe, gewürfelte Äpfel mit der Sauce übergießen.
Sie schmeckt auch als Sauce oder Creme zu Pellkartoffeln oder Backkartoffeln (für Creme mehr Quark nehmen).

Rettichsalat

200 g Magerquark · 1 Tasse Milch · 1 Eßl. Öl · 1–2 Teel. Kräutersalz · 1 roter oder weißer Rettich (etwa 200 g) · Petersilie · etwas Kresse und einige Radieschen

Pro Portion etwa 305 Joule/75 Kalorien
Zubereitungszeit: 5 Minuten

In einer Schüssel den Quark mit der Milch, dem Öl und dem Kräutersalz gut verrühren. Den Rettich waschen, putzen und grob hineinreiben.

Feingehackte Petersilie untermischen. Mit Kresse und Radieschen garnieren.

Variante: Auch ein geschälter schwarzer Rettich eignet sich gut für diesen Salat. Da er schärfer ist, je nach Geschmack etwas weniger nehmen.

Rote-Rüben-Salat

Die Milchsäure der sauren Sahne macht die rohen roten Rüben bekömmlicher und schmackhafter. Die Sahne darf ruhig recht sauer sein.

2 rote Rüben/rote Beten (etwa 300 g) · 2 säuerliche Äpfel · 1 Stück frischer oder 2 Teel. geriebener Meerrettich (ungeschwefelt aus dem Glas) · 1 gestrichener Teel. Kräutersalz · 1 Becher saure Sahne (200 g) · Petersilie oder Schnittlauch

Pro Portion etwa 495 Joule/115 Kalorien
Zubereitungszeit: 5–10 Minuten

Die roten Rüben schälen. Die Äpfel vierteln, falls nötig schälen und das Kernhaus entfernen. Frischen Meerrettich schälen. Die roten Rüben, Äpfel und den Meerrettich feinreiben (Meerrettich nicht im Schnitzelwerk, sondern auf einer feinen Reibe mit der Hand reiben). Das Kräutersalz und die saure Sahne auf das Geriebene geben und alles gut mischen. Feingehackte Kräuter aufstreuen.

Rote-Rüben-Rohkost

1 Becher Joghurt · 1 Eßl. Öl · 1 Teel. Honig · 1 Teel. Senf · 1 gestrichener Teel. Kräutersalz · 1 gestrichener Teel. gemahlener Kümmel ·

1 säuerlicher Apfel · 400 g rote Rüben/rote Beten · ½ Tasse Lauchringe (aus dem Rezept Roggenschmarrn = Hauptgericht, Seite 42) oder 1 kleine Stange Lauch/Porree · eventuell Zitronensaft oder saure Sahne

Pro Portion etwa 445 Joule/105 Kalorien
Zubereitungszeit: 10 Minuten

Den Joghurt, das Öl, den Honig, den Senf und die Gewürze in eine Schüssel geben und gut miteinander verrühren. Den Apfel möglichst ungeschält in die Sauce reiben und unterrühren. Dann die roten Rüben schälen und zu den Äpfeln reiben (mit der Bircher-Raffel oder der feinen Trommel oder Scheibe des Schnitzelwerkes). Die Lauchringe dazugeben (oder die Lauchstange längs halbieren, gut waschen und in feine Scheiben schneiden) und alles gut mischen. Eventuell mit Zitronensaft abschmecken, falls der Joghurt nicht sauer genug war, oder – noch besser – mit saurer Sahne.

Bunte Rohkostplatte

100 g Magerquark · ½ Tasse Milch · 1 Teel. Öl · 2 gestrichene Teel. Kräutersalz · 1 kleiner weißer oder roter Rettich (etwa 100 g) · 1 kleiner Kopf grüner Salat · 1 Bund Radieschen · 2 Eßl. Öl · 1 Eßl. Zitronensaft · 1 Messerspitze schwarzer Pfeffer

Pro Portion etwa 440 Joule/105 Kalorien
Zubereitungszeit: 10 Minuten

Den Quark mit der Milch, 1 Teelöffel Öl und 1 Teelöffel Kräutersalz anrühren, den gewaschenen Rettich hineinreiben (grobe Reibe). Den Kopfsalat waschen, gründlich abtropfen lassen, die Blätter etwas zerreißen. Die Radieschen putzen, waschen und in Scheiben schneiden. Auf kleinen Tellern je ⅓ Rettichsalat, ⅓ Salatblätter und ⅓ Radieschenscheiben anrichten. Den grünen Salat und die Radieschen mit einer Salatsauce aus 1 Eßlöffel Öl, dem Zitronensaft, dem Pfeffer und 1 Teelöffel Kräutersalz gleichmäßig begießen.

Im kleineren Haushalt genügt meist eine Handreibe für Rohkost. Die Schneidflächen sollten immer aus rostfreiem Edelstahl sein (Bircher-Raffel).

Erfrischender Möhrensalat

Bild 3. Umschlagseite

4 Möhren (etwa 300 g) · 2 Äpfel (etwa 300 g) · 1 Becher Joghurt · 2 Teel. Öl · 2 Teel. Honig · eventuell 30 g geschälte Walnüsse und 2 Teel. Zitronen- oder Limettensaft

Pro Portion etwa 575 Joule/135 Kalorien
Zubereitungszeit: 15 Minuten

Die Möhren putzen und waschen. Die Äpfel waschen, vierteln und das Kernhaus entfernen. Möhren und Apfelviertel mit der Küchenmaschine raspeln oder die Möhren auf einer groben Reibe raspeln und die ganzen Äpfel auf einer groben Reibe rings ums Kernhaus abreiben.

Den Joghurt mit dem Öl und dem Honig verrühren und die Hälfte dieser Sauce unter den Salat mischen. Eventuell die Walnußkerne grobreiben und unter den Möhrensalat heben. Wer es gerne sauer mag, kann mit dem Zitronen- oder Limettensaft abschmecken. Die restliche Salatsauce auf die Rohkost gießen und mit Walnußkernen garnieren.

Apfel-Sellerie-Salat

3 nicht zu süße Äpfel · 100 g Sellerieknolle, geputzt gewogen · Saft von ½ Zitrone · ½ Tasse Sahne · 1 Teel. Senf · 1 gestrichener Teel. Kräutersalz · Petersilie

Pro Portion etwa 530 Joule/125 Kalorien
Zubereitungszeit: gut 5 Minuten

Die Äpfel möglichst ungeschält auf einer groben Reibe ringsherum bis zum Kernhaus abreiben. Den Sellerie mit der Bircherraffel feinreiben. Beides mit dem Zitronensaft beträufeln. Die Sahne, den Senf und das Kräutersalz miteinander verquirlen und über die Rohkost gießen, gut mischen. Feingehackte Petersilie untermischen und aufstreuen.

Apfel-Zwiebel-Salat

Bild 4. Umschlagseite

3 nicht zu süße Äpfel · 2 große Zwiebeln oder 4 Schalotten · 1 gestrichener Teel. Kräutersalz · 2–3 Eßl. Öl · Zitronensaft · frisch gemahlener schwarzer Pfeffer · Petersilie

Pro Portion etwa 385 Joule/90 Kalorien
Zubereitungszeit: 5–10 Minuten

Salate, die Vitaminspender

Die Äpfel vierteln, das Kernhaus entfernen und die Apfelviertel möglichst ungeschält in dünne Scheibchen schneiden. Die Zwiebeln schälen, längs halbieren und quer in dünne halbe Ringe schneiden. Das Kräutersalz, das Öl, Zitronensaft nach Geschmack und Pfeffer über die Apfelwürfel und Zwiebelringe geben und alles gut mischen. Den Salat abschmecken und feingehackte Petersilie untermischen.

Apfelmeerrettich

1 Stück (etwa 5 cm) frischer oder 1–2 Eßl. geriebener Meerrettich (ungeschwefelt aus dem Glas) · 3 Äpfel · 1 Becher saure Sahne (200 g)

Pro Portion etwa 435 Joule/105 Kalorien
Zubereitungszeit: 5 Minuten

Den Meerrettich schälen und feinreiben. Die Äpfel waschen, möglichst ungeschält ringsherum bis zum Kernhaus abreiben (grobe Reibe). Beides mit der sauren Sahne mischen.

Apfel-Käse-Salat

200 g Goudakäse · 4 nicht zu süße Äpfel · 2 Schalotten oder kleine Zwiebeln · 3 Eßl. Öl · Saft von 1 Zitrone · 1–2 Teel. Kräutersalz · frisch gemahlener schwarzer Pfeffer · Schnittlauch

Pro Portion etwa 1 350 Joule/320 Kalorien
Zubereitungszeit: 10 Minuten

Den Goudakäse in Würfel schneiden. Die Äpfel vierteln, das Kernhaus entfernen, die Apfelviertel möglichst ungeschält in Würfel schneiden. Das

Öl, den Zitronensaft, das Kräutersalz und Pfeffer über die Käse- und Apfelwürfel geben und alles gut mischen. Feingeschnittenen Schnittlauch untermischen und aufstreuen.

Harzer Salat

200 g Harzer Edelschimmelkäse · 2 Äpfel · 1 große Zwiebel · 2 Eßl. Öl · 2 Eßl. Obstessig · 1 gestrichener Teel. Kräutersalz · frisch gemahlener schwarzer Pfeffer · Petersilie · Schnittlauch

Pro Portion etwa 625 Joule/150 Kalorien
Zubereitungszeit: 5–10 Minuten

Den Käse in Stückchen schneiden. Die Äpfel waschen, vierteln, das Kernhaus entfernen. Die Apfelviertel möglichst ungeschält würfeln. Die Zwiebel schälen, längs halbieren, quer in dünne Scheiben schneiden, so daß halbe Ringe entstehen. Die Käse- und Apfelwürfel sowie die Zwiebelringe in einer Schüssel mit dem Öl, dem Essig, dem Kräutersalz, nicht zu wenig Pfeffer und feingehackten Kräutern gut mischen. Etwas durchziehen lassen.

Variante: Mit Harzer oder Mainzer Käse zubereitet ein sehr herzhafter Salat.

Balkansalat

100 g Azukibohnen · ½ l Wasser · 1 grüne Paprikaschote · 1 große Zwiebel · 250 g Tomaten · 2 Eßl. geschmacksneutrales Öl · 1 Eßl. Olivenöl · 2 Eßl. Obstessig · 2 gestrichene Teel. Kräutersalz · 1 Messerspitze schwarzer Pfeffer · 1 Messerspitze Piccata · Schnittlauch

Salate, die Vitaminspender

Pro Portion etwa 715 Joule/170 Kalorien
Vorbereitungszeit: 5 Minuten (am Abend vorher)
Quellzeit: 12 Stunden (über Nacht)
Zubereitungszeit: 15 Minuten

Am Vorabend die Bohnen mit dem kalten Wasser in einen Topf geben, einmal aufkochen und zugedeckt stehenlassen.
Am nächsten Tag die Bohnen wieder aufkochen und 10 Minuten kochen lassen. Inzwischen die Paprikaschote längs halbieren, von Stengelansatz und Kernen befreien, dann waschen und in Streifen schneiden. Die Zwiebel schälen, längs halbieren und quer in dünne Scheiben schneiden. Die Tomaten waschen und in Scheiben schneiden. Die garen Bohnen auf ein Sieb schütten. Das Kochwasser in den Topf zurückgeben und aufkochen. Die Paprikastreifen und die halben Zwiebelringe darin ganz kurz blanchieren (siehe folgendes Rezept) und ebenfalls auf das Sieb schütten. Die Bohnen, die Paprikastreifen, Zwiebelringe und Tomatenscheiben in eine Schüssel geben. Das neutrale Öl, das Olivenöl, den Essig, das Kräutersalz, den Pfeffer, das Piccata und feingeschnittenen Schnittlauch dazugeben und alles gut mischen. Etwas durchziehen lassen.

Rotkohlsalat

*Etwa 1 l Wasser · 1 Tasse Obstessig ·
1 gestrichener Teel. Kochsalz oder Meersalz ·
1 kleiner Kopf Rotkohl (etwa 500 g) · 1 Apfel ·
1 Zwiebel · 2 Eßl. Öl · 2 Teel. Honig ·
1 gestrichener Teel. Kräutersalz ·
1 gestrichener Teel. gemahlener Kümmel ·
1 Messerspitze gemahlene Nelken · eventuell
etwas Zitronensaft oder Essig · frische Kräuter
nach Wahl*

Pro Portion etwa 340 Joule/80 Kalorien
Zubereitungszeit: 10 Minuten

Das Wasser mit dem Essig und dem Salz in einem großen Topf zum Kochen bringen. Am Rotkohl die äußeren Blätter ablösen, den Kopf vierteln und den Strunk entfernen. Den Apfel halbieren und vom Kernhaus befreien. Die Zwiebel schälen. Die Kohlviertel, die Apfelhälften und die Zwiebel in dünne Scheiben hobeln oder schneiden. In dem kochenden Essigwasser blanchieren, das heißt ein paarmal aufkochen. Dann sofort auf ein Sieb schütten, etwas abtropfen lassen und in eine Schüssel geben. Das Öl, den Honig, das Salz, den Kümmel und das Nelkenpulver darübergeben und alles gut mischen. Eventuell noch mit Zitronensaft oder Essig abschmecken. Der Salat kann noch warm serviert werden. Mit feingehackten Kräutern bestreut sieht er noch appetitlicher aus.

Weißkohlsalat

*Etwa 1 l Wasser · ½ Tasse Obstessig ·
1 gestrichener Teel. Kochsalz oder Meersalz ·
1 kleiner Kopf Weißkohl (etwa 800 g) · 2 Eßl.
Öl · Saft von ½ Zitrone · 1 gestrichener Teel.
Kräutersalz · 2 Teel. Kümmel · 1 Bund
Schnittlauch*

Pro Portion etwa 340 Joule/80 Kalorien
Zubereitungszeit: 10 Minuten

Das Wasser mit dem Essig und dem Salz in einem großen Topf zum Kochen bringen. Am Weißkohl die äußeren Blätter ablösen, den Kopf vierteln, den Strunk entfernen. Die Kohlviertel in feine Scheiben hobeln oder schneiden und im kochenden Essigwasser 1 Minute blanchieren, das heißt ein paarmal aufkochen. Die Kohlstreifen sofort auf ein Sieb schütten, etwas abtropfen lassen und in eine Schüssel geben. Das Öl, den Zitronensaft, das Kräutersalz, den Kümmel und den feingeschnittenen Schnittlauch darübergeben. Alles gut mischen und abkühlen lassen.

Sauerkrautsalat

500 g rohes Sauerkraut · 3 Eßl. Öl · 2 Teel. Kümmel · ½ Teel. edelsüßes Paprikapulver · ½ Bund Schnittlauch

Pro Portion etwa 395 Joule/95 Kalorien
Zubereitungszeit: 3 Minuten

Das Sauerkraut, wenn nötig, etwas zerschneiden und in eine Schüssel geben. Das Öl, den Kümmel, das Paprikapulver und den feingeschnittenen Schnittlauch darübergeben und gut mischen.

Tip: Sauerkraut, das man »lose« kaufen kann, ist meist nicht mehr roh, sondern in großen Dosen sterilisiert. Im Herbst, nach der Ernte, wird aber auch manchmal frisches Sauerkraut roh angeboten. Also, bitte fragen, denn natürlich ist sterilisiertes Kraut nicht mehr so wertvoll wie rohes. Im Reformhaus bekommt man rohes Sauerkraut das ganze Jahr über.

Sauerkraut-Lauch-Salat mit Mayonnaise

Bild 4. Umschlagseite

Bei diesem Salat ist das Rezept für Mayonnaise unkompliziert, denn die zum Eigelb gegebenen Geschmackszutaten verhindern die Gerinnung.

Wenn Sie das Öl nicht gerade auf einmal zugießen, kann nicht viel passieren. Wenn Sie mehr Mayonnaise zubereiten wollen: sie hält sich, in einem Schraubglas verschlossen, im Kühlschrank ein paar Tage.

500 g rohes Sauerkraut · ½–1 Stange Lauch/Porree · 3 Eigelbe · 1 Teel. Honig · 1 Teel. Senf · 1 Eßl. Zitronensaft · 1 gestrichener Teel. Kräutersalz · 1 gestrichener Teel. edelsüßes Paprikapulver · 1 Messerspitze schwarzer Pfeffer · 1 Tasse Öl

Pro Portion etwa 1 150 Joule/275 Kalorien
Zubereitungszeit: 10 Minuten

Das Sauerkraut eventuell etwas zerschneiden. Die Lauchstange längs halbieren, von Wurzeln und schlechten Blättern befreien, gut waschen und in dünne Scheiben schneiden. Die Eigelbe, den Honig, den Senf, den Zitronensaft und die Gewürze in eine Schüssel geben. Mit dem Schneebesen der Küchenmaschine leicht schlagen, dann auf höchste Stufe schalten und das Öl langsam einlaufen lassen. Die Mayonnaise über Sauerkraut und Lauchringe gießen und alles gut mischen.

Variante: Sie können auch nur 1 Eigelb und Essig statt Zitronensaft nehmen. Das Paprikapulver kann wegbleiben. Wird die Mayonnaise nicht zu etwas Saurem, wie hier, verwendet, dann etwas mehr Zitronensaft oder Essig nehmen.

Köstliche Desserts

Mit einem Augenzwinkern sei vorweg bemerkt, daß die Desserts in diesem Kapitel eigentlich zum Abgewöhnen gedacht sind. Die richtige Ergänzung und Erfrischung nach einem vollwertigen Hauptgericht wäre ein Becher Joghurt oder Dickmilch oder Kefir. Einige der folgenden Desserts sind allerdings genauso empfehlenswert, da sie ohne oder mit ganz wenig Süßungsmittel auskommen. Viele werden aus Früchten zubereitet und sind somit eine vitaminreiche Ergänzung zum Hauptgericht.

Wenn Sie die Vollwertküche eine Weile konsequent durchgeführt haben, werden Sie im übrigen bemerken, daß der Appetit auf Süßes ganz von selbst zurückgeht. Sollen süße Nachspeisen oder Zwischenmahlzeiten serviert werden, dann wollen wir sie aber auf jeden Fall aus naturgesunden Zutaten bereiten und keinen Zucker verwenden. Geschmacklich merkt man den Unterschied kaum, wenn man statt Zucker einen hellen Blütenhonig ohne starken Eigengeschmack wählt. Auch Ahornsirup, Malzextrakt, Birnendicksaft, schwarze Melasse aus Zuckerrohr und Trockenfrüchte (Datteln, Feigen, Rosinen, Korinthen und so weiter) sind natürliche Süßungsmittel, die noch reichlich Mineralstoffe enthalten. Zur Verdauung des natürlichen Zuckers sind Mineralstoffe offenbar notwendig. Da sie beim Industriezucker fehlen, »raubt« er sie sich aus den anderen Nahrungsmitteln und entzieht sie dadurch unserem Körper.

Natürliche Süßungsmittel enthalten also nicht nur »leere Kalorien« wie der Industriezucker, trotzdem sind sie eine konzentrierte Nahrung, die man – schon der Zähne wegen – in Maßen (nicht in Massen) genießen sollte. Wenn Sie einige Zeit nach den Rezepten dieses Buches »natürlich« kochen, werden Sie Ihre Desserts ganz von selbst schwächer süßen.

Die folgenden Rezepte sind so ausgearbeitet, daß man sie, während die Hauptspeise kocht, schnell zubereiten kann. Die Zubereitungszeiten werden also nicht zu den im Menüplan (Seite 19) angegebenen Zeiten dazu addiert, sondern sie sind darin enthalten.

Obst und Käse

Dies ist eine sehr schnelle, gesunde und bei vielen Feinschmeckern auch beliebte Nachspeise. Servieren Sie sie nach Hauptgerichten, die mit Frischkost und Eiweiß ergänzt werden sollen. Ein weiterer Vorzug: Sie brauchen hier kein Süßungsmittel!

Pro Person mindestens 1 reifer Apfel, 1 Birne oder 125 g Weintrauben oder gemischte Früchte · pro Person höchstens 50 g Käse, zum Beispiel Camembert, Brie oder Emmentaler Käse, auch gemischt

Pro Portion etwa 1 100 Joule/260 Kalorien (errechnet für Äpfel und Emmentaler Käse) Zubereitungszeit: 5 Minuten

Das Obst gut waschen. Eventuell die Äpfel oder Birnen auch schon halbieren oder vierteln. Den Käse in mundgerechte Stücke schneiden. Obst und Käse auf einer Platte oder einem Holzbrett hübsch anrichten.

Apfelgelee

Dies ist ebenfalls ein sehr gesundes Dessert, zu dem Sie kein Süßungsmittel brauchen. Der reine Apfelsaft enthält genug natürlichen Fruchtzucker. Außerdem wird er nicht gekocht und mit dem Agar Agar kommen noch Mineral- und Quellstoffe hinzu.

Köstliche Desserts

½ l frisch gepreßter oder fertiger naturtrüber Apfelsaft · 2 gestrichene Teel. Agar Agar

Pro Portion etwa 175 Joule/40 Kalorien
Zubereitungszeit: 10 Minuten

Den Apfelsaft in einen Topf gießen. Das Agar Agar mit etwas Saft anrühren und sofort mit dem Apfelsaft im Topf verrühren. Erhitzen, bis es dampft (etwa 60 °C), den Topf zudecken, vom Herd nehmen und 5 Minuten stehenlassen. Die Geleeflüssigkeit in vier Glasteller verteilen (oder in eine große Schüssel füllen, wenn Sie mehr Zeit zum Abkühlen haben). Erkalten lassen.

Das paßt dazu: Schlagsahne.

Tip: Wenn Sie Apfelsaft selbst auspressen wollen, können Sie sehr gut Fallobst dafür verwerten. Die Äpfel nur waschen, vierteln, schlechte Stellen entfernen und die Apfelstücke in der Saftzentrifuge entsaften.
Man kann auch andere Fruchtsäfte verwenden.

Schoko-Obstsalat

1 Banane · 1½ Tassen Milch · 1½ Eßl. Honig · 1 gestrichener Eßl. Kakao · 1 Teel. abgeriebene Orangenschale (Schale unbehandelt) · 1 Messerspitze Vanille · 1 Apfel · 1 Birne ·

Pro Portion etwa 555 Joule/130 Kalorien
Zubereitungszeit: gut 5 Minuten

Die Banane schälen, grob zerkleinern, mit der Milch, dem Honig, dem Kakao, der Orangenschale und der Vanille in den Mixer füllen und feinmixen. Den Apfel und die Birne waschen, entkernen, in Würfel schneiden und die Bananencreme darübergießen.

Bananensalat

2 Bananen · 100 g Magerquark · ⅛ l Milch · 1–2 Eßl. Honig · 1 Eßl. beliebiges Nußmus (Fertigprodukt) · 1 Messerspitze Delifrut · Saft von ½ Zitrone

Pro Portion etwa 610 Joule/145 Kalorien
Zubereitungszeit: 5 Minuten

Die Bananen schälen, in Scheiben schneiden und in eine Glasschüssel geben. Die übrigen Zutaten in den Mixer füllen, feinmixen oder in einer Schüssel mit dem Schneebesen gründlich verrühren und über die Bananenscheiben gießen.

Variante: Beerensalat

Etwa 150 g gewaschene Himbeeren oder Brombeeren in die Schüssel geben, die Quarksauce mit Haselnuß- oder Mandelmus bereiten und über die Beeren gießen.

Obstsalat

1 Orange · 1 Banane · 1 Apfel · Saft von ½ Zitrone oder ½ Grapefruit · 2 Teel. flüssiger Honig · 1 Messerspitze Vanille oder Delifrut

Pro Portion etwa 475 Joule/115 Kalorien
Zubereitungszeit: gut 5 Minuten

Die Orange und die Banane schälen. Die Orange vierteln und quer in Scheiben schneiden. Die Banane ebenfalls in Scheiben schneiden. Den Apfel waschen, vierteln, das Kernhaus entfernen und die Apfelviertel in Scheibchen oder Würfel schneiden. Das Obst mit dem Saft, dem Honig und der Vanille oder dem Delifrut gut vermischen.

Ein pikantes Schnellgericht ist der würzige Mais. Er paßt gut zu vielen Gemüsegerichten. Rezept Seite 43. ▷

Rhabarberkompott

¼ l Wasser · 1 Messerspitze Vanille · ½–1 Teel. abgeriebene Zitronenschale (Schale unbehandelt) · 250 g Rhabarber · 1–2 Eßl. Honig

Pro Portion etwa 195 Joule/45 Kalorien
Zubereitungszeit: gut 5 Minuten

Das Wasser mit der Vanille und der Zitronenschale zum Kochen bringen. Inzwischen den Rhabarber schälen (abziehen) und in etwa 2 cm lange Stücke schneiden. Die Stücke im Wasser 2–3 Minuten kochen. Mit dem Honig abschmekken. Das Kompott in vier Glasteller füllen und abkühlen lassen.

Erdbeerbrote

Kaloriensparer lassen bei diesem Dessert die Butter weg. Ohne Butter müssen die Brote jedoch sofort serviert werden, damit sie nicht durchweichen.

250 g Erdbeeren · 2 Scheiben Grahambrot oder Vollkorn-Toastbrot · Butter zum Bestreichen · 100 g Magerquark · 1–1½ Eßl. Honig · 1 Messerspitze Delifrut · eventuell etwas Zitronensaft · falls vorhanden Zitronenmelisse oder Pfefferminze zum Garnieren

Pro Portion etwa 625 Joule/150 Kalorien
Zubereitungszeit: gut 5 Minuten

Die Erdbeeren waschen, abtropfen lassen, von den Stielen zupfen und halbieren. Das Brot toasten und mit Butter bestreichen. Den Quark, den Honig, das Delifrut und eventuell etwas Zitronensaft miteinander verrühren. Die Quarkcreme auf die Brote streichen. Mit den halbierten Erdbeeren belegen. Die Brote diagonal durchschneiden, so daß jeder ein Dreieck bekommt. Mit Blättchen oder Spitzen von Zitronenmelisse oder Pfefferminze garnieren.

Vitaminjoghurt

50 g schwarze Johannisbeeren · 3 Becher Joghurt (600 g) · 1–2 Eßl. Honig · 2 Teel. Mandelmus (Fertigprodukt) · 1 Teel. abgeriebene Zitronenschale (Schale unbehandelt)

Pro Portion etwa 625 Joule/150 Kalorien
Zubereitungszeit: 5 Minuten
Ruhezeit: 10 Minuten

Die Johannisbeeren waschen, abtropfen lassen, zusammen mit allen übrigen Zutaten in den Mixer geben und feinmixen. Die Mischung in vier Gläser füllen und 10 Minuten stehenlassen (damit der Joghurt wieder fest wird).

Varianten: Selbstverständlich können Sie auf die gleiche Weise auch anderen Fruchtjoghurt herstellen, zum Beispiel mit Erdbeeren, Himbeeren, Brombeeren, Aprikosen, Pfirsichen, Bananen.

Cottage-Früchte
Bild Umschlag-Vorderseite

200 g Hüttenkäse (Cottage cheese) · 2 Eßl. Honig · 1 Messerspitze Zimt · 75 g Himbeeren, frisch oder tiefgefroren (ohne Zucker) · 1–2 Äpfel

Pro Portion etwa 520 Joule/125 Kalorien
Vorbereitungszeit: tiefgefrorene Himbeeren bei

Zimmertemperatur 3–4 Stunden zugedeckt auftauen lassen
Zubereitungszeit: 5 Minuten

Den Hüttenkäse mit dem Honig und dem Zimt
gut vermischen. Die frischen Himbeeren vorsichtig waschen und abtropfen lassen. Die Beeren
mit dem Hüttenkäse verrühren. Die Himbeeren
dürfen ruhig etwas zerfallen, um Aroma zu geben. Die Äpfel waschen, vierteln, eventuell schälen, und das Kernhaus entfernen. Die Viertel
quer in dünne Scheiben schneiden und unter
den Hüttenkäse mischen.

Tip: Von einer Packung gekaufter tiefgefrorener
Himbeeren kann man einen entsprechenden Teil
abbrechen oder mit einem Tiefkühlmesser
(Säge) abteilen. Den Rest rasch wieder in die
Packung und ins Gefriergerät zurücklegen und
für eine andere Speise aufbewahren.

Kiwi-Nuß-Quark

Bild gegenüber

*250 g Magerquark · ½ Tasse Milch · 2–3 Eßl.
Honig · 1 Eßl. Zitronensaft · 30 g geschälte
Walnüsse · eventuell etwas Schlagsahne ·
1–2 Kiwi*

Pro Portion etwa 750 Joule/180 Kalorien
Zubereitungszeit: 5 Minuten

Den Quark mit der Milch, dem Honig und dem
Zitronensaft mischen. Die Nüsse grobreiben und
unter den Quark mischen. Nach Wunsch noch
Schlagsahne darunterziehen. Vor dem Servieren
die Kiwi dünn schälen, in Scheiben schneiden
und den Quark damit garnieren.

Variante (siehe Bild): Etwa 100 g gewaschene,
halbierte Erdbeeren unter den Kiwiquark mischen.

Tip: Quark von verschiedenen Molkereien hat
unterschiedlichen Wassergehalt. Sie sollten daher bei den Quarkdesserts mit den angegebenen Flüssigkeitsmengen variabel sein und zunächst lieber etwas weniger zufügen.

Brauner Kirschenquark

Wer Kalorien sparen will, kann für dieses Dessert
Milch statt Sahne nehmen.

*250 g Magerquark · 2–3 Eßl. Honig ·
2 gestrichene Eßl. Kakao · 2 Messerspitzen
Zimt · 1 Messerspitze Vanille · ½ Tasse Sahne ·
150 g Sauerkirschen, frisch oder tiefgefroren
(nur notfalls aus dem Glas)*

Pro Portion etwa 685 Joule/160 Kalorien
Vorbereitungszeit: tiefgefrorene Sauerkirschen
antauen, entsteinen und zugedeckt bei Zimmertemperatur 2–3 Stunden auftauen lassen
Zubereitungszeit: 5–10 Minuten

Alle Zutaten bis auf die Kirschen in den Mixer
oder in eine Schüssel geben und feinmixen oder
mit dem Schneebesen zu Creme schlagen. Die
frischen Kirschen waschen, entstielen und entsteinen. Die Sauerkirschen unter die Quarkcreme heben.

Varianten: Die Quarkcreme schmeckt auch pur,
ohne Obst, oder mit geriebenen Nüssen gemischt, oder auch mit Birnenstückchen statt mit
Sauerkirschen.

Aprikosenquark

Für dieses Dessert dürfen die Aprikosen ruhig überreif sein. Man entsteint sie, entfernt die schlechten Stellen und kann sie leichter mit der Gabel zerdrücken. So wird der Aprikosenquark besonders aromatisch.

50 g Aprikosen · 250 g Magerquark · ½ Tasse Flüssigkeit, am besten Milch und Sahne gemischt · 2 Eßl. Honig · 1 Messerspitze Vanille · 1 Eßl. Zitronensaft · eventuell etwas abgeriebene Zitronenschale (Schale unbehandelt)

Pro Portion etwa 705 Joule/170 Kalorien
Zubereitungszeit: 5–10 Minuten

Die Aprikosen waschen, entsteinen, kleinschneiden oder mit einer Gabel zerdrücken. Den Quark mit der Flüssigkeit, dem Honig, der Vanille, dem Zitronensaft und eventuell der Zitronenschale gut verrühren. Zu den Aprikosen geben, mischen und etwas durchziehen lassen.

Erdbeer-Quarkcreme

100 g Erdbeeren, frisch oder tiefgefroren (ohne Zucker) · 250 g Sahnequark (40%) · 2 Eßl. Honig · 1 Eßl. Zitronensaft · ½–1 Tasse Milch

Pro Portion etwa 805 Joule/190 Kalorien
Vorbereitungszeit: tiefgefrorene Erdbeeren bei Zimmertemperatur 3–4 Stunden zugedeckt auftauen lassen
Zubereitungszeit: 5 Minuten

Frische Erdbeeren waschen, abtropfen lassen und entstielen. Die Erdbeeren mit dem Quark, dem Honig, dem Zitronensaft und zunächst

½ Tasse Milch in den Mixer füllen und fein pürieren. Falls die Creme zu dick ist, noch Milch zufügen.

Tip: Natürlich können Sie für die Erdbeercreme auch Magerquark oder 20%igen Quark verwenden, wenn Sie Kalorien sparen wollen! Umgekehrt gilt für alle Quarkdesserts, die ich mit Magerquark zubereite, daß er gegen Quark mit höherem Fettgehalt ausgetauscht werden kann, wenn jemand nicht Kalorien sparen muß.

Kirsch-Mandel-Creme

200 g Magerquark · ½ Tasse Milch · 1–2 Eßl. Honig · 1 Eßl. Mandelmus (Fertigprodukt) · 200–250 g Sauerkirschen oder Süßkirschen

Pro Portion etwa 535 Joule/130 Kalorien
Zubereitungszeit: 10 Minuten

Den Quark, die Milch, den Honig und das Mandelmus entweder im Mixer oder mit dem Schneebesen zu Creme schlagen. Die Kirschen entsteinen, unterheben und etwas durchziehen lassen.

Plantagenquark

250 g Magerquark · 2 Eßl. Honig · 2 Eßl. Orangenlikör (Grand Marnier) · abgeriebene Schale von 1 Orange (Schale unbehandelt)

Pro Portion etwa 595 Joule/140 Kalorien
Zubereitungszeit: 5 Minuten

Alle Zutaten mit einem Schneebesen gut verrühren.

Köstliche Desserts

Falsche Spiegeleier

Kaloriensparer nehmen für dieses Dessert Milch statt Sahne!

200 g Magerquark · ½ Tasse Sahne · 1–2 Eßl. Honig · 1 Eßl. Zitronensaft · 1 Teel. abgeriebene Zitronenschale (Schale unbehandelt) · 1 Messerspitze Vanille · 2 Aprikosen

Pro Portion etwa 655 Joule/155 Kalorien
Zubereitungszeit: 5 Minuten

Den Quark mit der Sahne, dem Honig, dem Zitronensaft, der Zitronenschale und der Vanille gut verrühren und auf vier Glastellern verteilen. Je eine halbe entsteinte Aprikose in die Mitte legen.

Russischer Quark

250 g Magerquark · 1 Ei · 2 Eßl. Honig · 2 Messerspitzen Vanille · Saft von ½ Zitrone

Pro Portion etwa 540 Joule/130 Kalorien
Zubereitungszeit: knapp 5 Minuten

Die Zutaten mit dem Schneebesen gut verrühren.

Kiwischaum

1 Kiwi · 2 Eiweiße · 2 Eßl. Honig · 1 Messerspitze Delifrut · 100 g Sahne

Pro Portion etwa 610 Joule/140 Kalorien
Zubereitungszeit: 5–10 Minuten

Die Kiwi dünn schälen, kleinschneiden und beiseite stellen. Die Eiweiße zu steifem Schnee schlagen, den Honig und das Delifrut vorsichtig unterrühren, die Kiwistückchen unterheben. Die Sahne steif schlagen und unterziehen. Bis zum Servieren kühl stellen.

Schoko-Kleie-Schaum

Am besten schmeckt der Schokoschaum mit frisch ausgesiebter Kleie, die Sie bei der Zubereitung der Vollkornspätzle oder einer feinen Cremesuppe absieben. Aber auch gekaufte Kleie eignet sich gut.

3 Eiweiße · 2 Eßl. Honig · 2 Messerspitzen Vanille · 8 leicht gehäufte Eßl. Weizenkleie · 1 gestrichener Eßl. Kakao · 1 gestrichener Eßl. Karob · 1 Eßl. 54%iger Rum

Pro Portion etwa 395 Joule/95 Kalorien
Zubereitungszeit: 5 Minuten

Die Eiweiße mit dem Schneebesen steif schlagen. Den Honig und die Vanille vorsichtig unterrühren. Die Kleie mit dem Kakao und dem Karob (oder mit 2 Eßlöffeln von einer Sorte, falls Sie die andere gerade nicht zur Hand haben) mischen und zusammen mit dem Rum vorsichtig unter den Eischnee ziehen. Bis zum Servieren kühl stellen.

Apfelschaum

Hier sind zwei Vorschläge für die Zubereitung von Apfelmus, wobei die zweite Version (mit ungeschälten Äpfeln) mehr Wertstoffe bietet. Wenn es einmal ganz rasch gehen soll, können Sie auch ungesüßtes Apfelmus fertig kaufen.

Köstliche Desserts

3 säuerliche Äpfel · 1 Messerspitze Zimt ·
1 Messerspitze Vanille · Honig · 100 g Sahne

Pro Portion etwa 550 Joule/130 Kalorien
Zubereitungszeit: 5–10 Minuten

Die Äpfel vierteln, schälen und das Kernhaus
entfernen. Die Apfelviertel in wenig Wasser so
lange dünsten, bis sie zerfallen. Die Gewürze
einrühren und das Apfelmus mit dem Honig
abschmecken. Oder die Äpfel waschen, vierteln,
nicht schälen, grob zerkleinern und in wenig
Wasser so lange dünsten, bis sie zerfallen.
Durch ein Sieb streichen. Die Gewürze zufügen
und mit Honig abschmecken. Das Apfelmus abkühlen lassen. Die Sahne steif schlagen und vorsichtig mit dem Apfelmus mischen.

Beeren-Reis-Schnee

¼ l Wasser · ½ Tasse Naturreis · ½ Tasse rote
Johannisbeeren oder Brombeeren · 2 Eßl.
Honig · ½–1 Becher Sahne (100–200 g)

Pro Portion etwa 735 Joule/175 Kalorien
Zubereitungszeit: 5–10 Minuten

Das Wasser zum Kochen bringen. Den Reis in
der Getreidemühle mittelgrob mahlen. Die Beeren waschen, abtropfen lassen und von den Stielen zupfen. Den Schrot ins kochende Wasser
einrühren und 2 Minuten leicht kochen lassen.
Die Beeren zufügen und den Topf vom Herd nehmen. Zugedeckt 5 Minuten stehenlassen. Dann
mit dem Honig abschmecken und die Masse
flach auf einen großen Teller streichen (damit sie
schnell abkühlt). Die Sahne steif schlagen und
unter den abgekühlten Beerenreis ziehen. Bis
zum Servieren kühl stellen.

Apfelsahne

½ Becher Sahne (100 g) · 2 Teel. Honig ·
2 Teel. Zitronensaft · 1 Messerspitze Zimt ·
1 Messerspitze Vanille · 2 nicht zu saure Äpfel

Pro Portion 650 Joule/155 Kalorien
Zubereitungszeit: 5 Minuten

Die Sahne steif schlagen. Den Honig, den Zitronensaft, den Zimt und die Vanille kurz unter die
Sahne schlagen. Die Äpfel möglichst mit der
Schale grobreiben und vorsichtig unter die Sahne mischen.

Variante: Apfel-Nuß-Sahne
30 g geschälte Walnüsse (etwa 10 Nußhälften)
grobreiben und zusammen mit den geriebenen
Äpfeln unter die steifgeschlagene Sahne ziehen.

Variante: Apfelsalat und Apfel-Nuß-Salat
Noch einfacher ist es, wenn Sie die Äpfel reiben,
mit den Gewürzen und eventuell den Nüssen sowie der flüssigen Sahne mischen. Hierbei können Sie auch etwas weniger Sahne nehmen.

Erfrischende Walnußsahne

1 große Orange · 50 g geschälte Walnüsse ·
1 Becher Sahne (200 g) · 2 Messerspitzen
Vanille · 1 Eßl. Honig

Pro Portion etwa 1165 Joule/275 Kalorien
Zubereitungszeit: knapp 10 Minuten

Die Orange schälen und in Spalten teilen. Die
Spalten jeweils quer durchschneiden. Die Nüsse
grobreiben. Die Sahne mit der Vanille steifschla-
gen. Den Honig kurz unterschlagen. Die Oran-
genstücke, die Nüsse und die Sahne vorsichtig

miteinander mischen. Bis zum Servieren kühl stellen.

Tip: Etwa 300 Joule pro Portion können Sie sparen, wenn Sie zuerst 1 Eiweiß, dann nur ½ Becher Sahne steif schlagen und beides mit den übrigen Zutaten wie oben beschrieben vorsichtig mischen.

Äpfel mit Vanillesauce

2 säuerliche Äpfel · 1 gehäufter Eßl. Weizen · ¼ l Milch · 2 Messerspitzen Vanille · 2 Teel. Honig

Pro Portion etwa 440 Joule/105 Kalorien
Zubereitungszeit: 10 Minuten

Die Äpfel vierteln, schälen und das Kernhaus entfernen. Die Apfelviertel nochmals längs durchschneiden, in wenig Wasser bei schwacher Hitze gar dünsten (knapp 5 Minuten) und auf vier Glasteller verteilen. Inzwischen den Weizen mehlfein mahlen. Die Milch mit der Vanille aufkochen, das Weizenmehl langsam unter Rühren mit dem Schneebesen einstreuen und etwa 1 Minute kochen lassen. Vom Herd nehmen. Den Honig unterrühren und die Vanillesauce über die Äpfel verteilen.

Äpfel in Nußsauce

2 nicht zu süße Äpfel · ¼ l Wasser · 1½ Eßl. Honig · 2 Messerspitzen Vanille · 2 Messerspitzen Zimt · 2 Eßl. Weizen · 40 g geschälte Walnüsse · ½ Becher Sahne (100 g) · eventuell ½ Tasse Milch

Pro Portion etwa 1030 Joule/245 Kalorien
Zubereitungszeit: 10 Minuten

Die Äpfel vierteln, schälen, das Kernhaus entfernen. Die Apfelviertel nochmals längs durchschneiden und in dem Wasser mit dem Honig, der Vanille und dem Zimt in etwa 5 Minuten gar kochen. Die Apfelachtel mit einem Schaumlöffel herausnehmen und auf vier Glasteller verteilen. Die Nüsse feinmahlen. Den Weizen mehlfein mahlen, mit dem Schneebesen in die kochende Flüssigkeit einrühren und 1 Minute unter Rühren kochen lassen. Den Topf vom Herd nehmen. Die Nüsse und die Sahne zufügen. Eventuell noch Milch zugießen, falls die Sauce zu dick ist. Die Nußsauce über die Äpfel verteilen.

Schokoladenpudding

4 gehäufte Eßl. Weizen · 2 gestrichene Eßl. Kakao · 2 Eßl. gemahlene Mandeln · 2 Messerspitzen Vanille · ½ l Milch · 2 Eßl. Honig

Pro Portion etwa 945 Joule/225 Kalorien
Zubereitungszeit: 10 Minuten

Den Weizen mehlfein mahlen, eventuell die Kleie aussieben. Das Mehl mit dem Kakao, den Mandeln und der Vanille mischen, mit einem Teil der Milch anrühren. Die restliche Milch aufkochen, das Angerührte hineingießen und unter Rühren etwa 1 Minute kochen lassen. Die Masse etwas abkühlen lassen und den Honig unterrühren. Auf vier Glasteller verteilen.

Variante: Vanillepudding
Den Kakao und die Mandeln weglassen und eventuell noch 1 Messerspitze Vanille mehr nehmen. Schmeckt sehr gut mit Früchten.

Köstliche Desserts

Birnen mit Schokoladensauce

2 saftige, reife Birnen · ¼ l Milch · 1 Eßl.
Mandeln · 1 Eßl. Honig · 1 gestrichener Eßl.
Kakao oder je 1 gestrichener Teel. Kakao und
Karob · 2 Teel. Wildpfeilwurzelmehl · ½ Teel.
abgeriebene Orangenschale (Schale
unbehandelt) · 2 Messerspitzen Vanille

Pro Portion etwa 520 Joule/120 Kalorien
Zubereitungszeit: 5–10 Minuten

Die Birnen halbieren und, falls nötig, schälen. Die
vier Birnenhälften mit den Schnittflächen nach
unten auf je einen Glasteller legen. Alle übrigen
Zutaten in den Mixer füllen und feinmixen. Die
Sauce in einen kleinen Topf gießen, unter Rühren mehrmals aufkochen, dann über die Birnen
verteilen.

Sesamäpfel

2 gehäufte Eßl. Sesamsamen · 1 Eßl. Honig ·
2 Äpfel · 1 Eßl. Zitronensaft

Pro Portion etwa 470 Joule/110 Kalorien
Zubereitungszeit: 5–10 Minuten

In einer trockenen Pfanne (am besten einer
schweren Eisenpfanne) die Sesamsamen unter
Umrühren leicht rösten, das heißt erhitzen, bis
sie anfangen zu springen. Dann den Honig zufügen, verrühren und vom Herd nehmen. Die Äpfel
auf einer groben Reibe ringsherum bis zum
Kernhaus abreiben und mit dem Sesamhonig
und dem Zitronensaft gut mischen.

Birnen mit Schoko-Krokant

2 saftige, reife Birnen · 3 gehäufte Eßl.
Nackthafer · 1 Eßl. Butter · 1 Eßl. Honig ·
2 Messerspitzen Vanille · 2 gestrichene Teel.
Kakao · 2 gestrichene Teel. Karob

Pro Portion etwa 565 Joule/135 Kalorien
Zubereitungszeit: knapp 10 Minuten

Die Birnen halbieren, falls nötig schälen, das
Kernhaus entfernen und die Birnenhälften mit
der Schnittfläche nach unten auf je einen Glasteller legen. Den Hafer grobmahlen. Die Butter
und den Honig in einer Pfanne schmelzen lassen. Den Hafer und die Vanille zugeben, unter
Rühren ganz kurz rösten. Den Kakao und den
Karob (oder 4 Teelöffel von einer Sorte, falls Sie
die andere nicht zur Hand haben) darüberstreuen, unter Rühren nochmals auf mittlerer
Hitze ganz kurz rösten und über die Birnen verteilen. Am besten mit Messer und Gabel oder mit
Kuchengabeln servieren!

Brennende Himbeeren

150 g Himbeeren · 1 Eßl. Honig · 1 Messerspitze
Delifrut · 3 Eßl. 54%iger Rum

Pro Portion etwa 240 Joule/55 Kalorien
Zubereitungszeit: 3 Minuten

Die Himbeeren vorsichtig waschen, abtropfen
lassen und verlesen. Die Beeren, den Honig das
Delifrut in einer Pfanne (Flambierpfanne, falls
vorhanden) erhitzen, bis alles kocht. Vom Herd
nehmen. Den Rum darübergießen und sofort
vorsichtig anzünden. Brennend in der Pfanne
servieren. Sie können auch bei Tisch flambieren.

Tip: Ein flambiertes Dessert kann natürlich erst nach dem Essen zubereitet werden. Die Zutaten vorher bereitstellen, damit alles schnell geht. Es sieht besonders hübsch aus, wenn es beim Flambieren nicht ganz hell ist.

Heiße Bananen

*1 Eßl. Butter · 3 Bananen · 1 Eßl. Honig ·
1 Messerspitze Zimt · etwas Zitronensaft*

Pro Portion etwa 650 Joule/150 Kalorien
Zubereitungszeit: 5 Minuten

Die Butter in einer Pfanne erhitzen. Die Bananen schälen und in Scheiben schneiden. Die Bananenscheiben in die Pfanne geben, den Honig darüber verteilen, mit dem Zimt bestreuen und alles einige Minuten unter Wenden braten. Mit Zitronensaft beträufeln und sofort servieren.

Buttermilchkaltschale

*50 g Pumpernickel oder dunkles Vollkornbrot
(1 große Scheibe) · ½ l Buttermilch · 2 Eßl.
Honig · 3 Eßl. Rosinen (50 g) · Saft und Schale
von ½ Zitrone (Schale unbehandelt)*

Pro Portion etwa 645 Joule/150 Kalorien
Zubereitungszeit: 5 Minuten

Das Brot etwas zerbrechen, zwischen den Handflächen zerbröseln und in eine Schüssel geben oder in vier Portionsschälchen verteilen. Die Buttermilch mit dem Honig, den Rosinen, dem Zitronensaft und der abgeriebenen -schale gut verrühren, über die Brotbrösel gießen und etwas durchziehen lassen.

Orangenflip

*1 Orange (Schale unbehandelt) · 100 g
Magerquark · ½ Tasse Sahne · 1 Tasse Milch ·
1½ Eßl. Honig · 1 Eßl. Orangenlikör (Grand
Marnier) · 1 Eigelb*

Pro Portion etwa 645 Joule/155 Kalorien
Zubereitungszeit: 5 Minuten

Von der Orange etwas Schale abreiben und den Saft auspressen. Orangensaft und -schale mit allen übrigen Zutaten in den Mixer geben, cremig mixen und in Gläser füllen.

Bananenbecher Amanda

Dies ist ein köstliches und »gehaltvolles« Mixgetränk ohne Milch, das auch zwischendurch als Aufmunterung schmeckt.

*1 Banane · ¼ l Wasser · 3–4 Teel. Mandelmus
(Fertigprodukt) · 1½ Eßl. Honig ·
1 Messerspitze Zimt · Saft von ½ Zitrone oder
Grapefruit*

Pro Portion etwa 375 Joule/90 Kalorien
Zubereitungszeit: 5 Minuten

Die Banane schälen, in Stücke brechen, mit allen übrigen Zutaten in den Mixer füllen und feinmixen. Nochmals mit Honig abschmecken und in Gläsern servieren.

Kleine Vollwert-Warenkunde

Einige Zutaten, die in den Rezepten verwendet werden, sind Ihnen vielleicht noch nicht geläufig, oder sie sind nicht überall zu bekommen, andere bedürfen in bezug auf die Vollwertküche meiner Meinung nach einer Erläuterung. Diese wurden im folgenden von A bis Z aufgezählt und mit den nötigen Informationen über Wert, Verwendung und, wenn nötig, Hinweisen für den Einkauf versehen. Am Schluß der Aufzählung finden Sie noch spezielle Tips für »Einkauf und Lagerung von Getreide« (Seite 100).

Agar Agar: Ein Geliermittel aus Algen. Ideal für die schnelle Küche, da mit Agar Agar zubereitete Speisen sofort nach dem Erkalten steif sind. Es enthält 3,5% Mineralstoffe. Da es praktisch keine Kalorien hat und durch seine pflanzlichen Quellstoffe die Darmtätigkeit anregt, ist es auch gut für die »schlanke Linie«. Am praktischsten ist gemahlenes Agar Agar, im Reformhaus erhältlich.

Azukibohnen (kleine rote Sojabohnen): Diese Bohnensorte ist schnell gar, sehr gut verträglich und eiweißreich (20%). Der hohe Preis wird durch den geringen Verbrauch und den vorzüglichen Geschmack ausgeglichen. Erhältlich in Naturkostläden und bei Naturkost-Versandfirmen.

Bratfett: Siehe Fett.

Brisoletten: Diese vegetarischen Frikadellen gibt es als Fertigprodukt im Reformhaus (in Dose oder Folie).

Buchweizen: In Wirklichkeit ist Buchweizen kein Getreide, obwohl man ihn in der Vollwertküche immer dazu zählt, sondern der Samen eines Knöterichgewächses. Buchweizen enthält viel Kalium, Magnesium, Eisen, Lezithin und viele Vitamine. Er ist sehr gut verträglich. Auch ganze Körner sind ohne Vorquellen rasch gar. Erhält-lich sind ganze Körner, Schrot (Buchweizengrütze) und Mehl.

Butter: Neuerdings wird Butter für die Vollwertkost wieder empfohlen. Der Cholesteringehalt ist nicht so entscheidend, wie lange behauptet wurde. Butter ist andererseits ein leicht verdauliches, natürliches Fett, das außerdem den Wohlgeschmack vieler Speisen erhöht.

Delifrut: Eine Gewürzmischung für Süßspeisen, Kuchen und Obstzubereitungen. Im Reformhaus erhältlich (Brecht-Gewürz).

Delikata: Eine Gewürzmischung mit mildem, curryähnlichem Geschmack. Im Reformhaus erhältlich (Brecht-Gewürz).

Dinkel oder Spelz: Ein Verwandter und Vorläufer des Weizens, der heute wieder angebaut wird. Dinkel ist noch wohlschmeckender und leichter verdaulich als Weizen. Erhältlich in manchen Reformhäusern, in Naturkostläden und bei Naturkost-Versandfirmen.

Edelhefeflocken: Würzmittel der vegetarischen Küche. Reich an hochwertigem Eiweiß und B-Vitaminen.

Eier: Die Qualität der Eier schmeckt man in vegetarischen Gerichten besonders deutlich heraus. Bio-Eier beziehungsweise Eier von freilaufenden Hühnern sollten also bevorzugt werden.

Fett zum Braten: Kokosfett zum Knusprigbraten (zum Beispiel von Bratkartoffeln und so weiter) gibt es auch ungehärtet in Reformhäusern und Naturkostläden, auch im Lebensmittelhandel.

Friate (Apfeldicksaft): Eine pikante Fruchtwürze für Speisen und Getränke. Schmeckt auch verdünnt als Getränk. Im Reformhaus erhältlich (Donath).

Frikadellen, vegetarische: Siehe Brisoletten.

Gemüsebrühe, gekörnte: Ein praktisches Würzmittel in der schnellen vegetarischen Küche, das viele Mineralstoffe aus Gemüse enthält. Es gibt verschiedene Fabrikate, Cenovis und Frugola sind auch lose und preiswert im Reformhaus und in Naturkostläden erhältlich.

Gerste: Siehe Nacktgerste.

Gomasio: Siehe Sesamsalz.

Graham-Paniermehl: Siehe Vollkornbrösel.

Grünkern: In der Milchreife geernteten Dinkel oder Spelz, auf Holzkohlenfeuer »gedarrt«, nennt man Grünkern. Er ist sehr eiweiß- und mineralstoffreich, wohlschmeckend und leicht verdaulich. Außer in Reformhäusern und Naturkostläden auch im Lebensmittelhandel als ganze Körner, Grieß und Mehl erhältlich. Am besten ganze Körner kaufen und frisch mahlen.

Hafer: Siehe Nackthafer.

Hirse: Hirse ist mit 2% das mineralstoffreichste Getreide der Welt (besonders Kieselsäure und Magnesium), außerdem enthält sie wertvolles Lezithin. Das Eiweiß der Hirse ist hochwertig, daher ist sie ein guter Fleischersatz. Hirse ist leicht verdaulich und schmackhaft. Die Garzeit ist kurz. Kochzeit und Wasseraufnahmefähigkeit können jedoch je nach Qualität etwas unterschiedlich sein, daher muß man hier etwas variabel sein. Hirse gibt es als ganze Körner und als Flocken.

Honig: Ein natürliches Süßmittel, das Mineralstoffe, Vitamine und Fermente enthält. Für Süß-speisen und Gebäck verwendet man am besten einen milden Blütenhonig mit wenig Eigengeschmack.

Karob oder Karobe: Dieses kakaoähnliche Pulver besteht aus gemahlenen Johannisbrotschoten. Karob schmeckt ähnlich wie Kakao, enthält aber weniger Fett, es wirkt ebenfalls stopfend. In Naturkostläden und Reformhäusern erhältlich.

Kräuter: Gartenkräuter sind Medizin aus dem Garten (oder vom Markt), denn sie enthalten reichlich Vitamine und Mineralstoffe. Für die schnelle Vollwertküche sind sie ideal, da meist nicht so viel Zeit für die Zubereitung von reichlich Rohkost vorhanden ist. Kräuter werten alle Speisen mit naturgesunden Stoffen auf. Für den Winter kann man sie einfrieren (feinhacken wie gewohnt, in kleinere Tiefkühlbehälter füllen. Zum Gebrauch eine Portion mit einer Gabel oder einem Küchenmesser herausnehmen und den Behälter sofort wieder ins Gefrierfach stellen). Falls man keine frischen Kräuter hat oder bekommen kann, getrocknete, gerebelte (nicht pulverisierte) von guter Qualität verwenden. Dabei kann man mengenmäßig ungefähr genausoviel nehmen wie von frischen Kräutern. Getrocknet entsprechen sie zwar einer viel größeren Menge frischer Pflanzenteile, haben aber einen wesentlichen Teil ihrer aromatischen Stoffe eingebüßt. Auch Wildkräuter sind eine wertvolle Ergänzung unserer Speisen. Einschlägige Bücher (zum Beispiel Pahlows »Wildgemüse-Kompaß«) informieren über Sammeln und Verwendung.

Kräutersalz: Ein universelles Würzmittel für die schnelle Küche – ich finde die Mischung von Brecht am besten. In Streudosen und in Nachfüllpackungen von 100 und 250 g.

Kuzu: Stärkemehl aus einer japanischen Wurzel. Es wird noch auf natürliche Weise gewonnen.

Kleine Vollwert-Warenkunde

Eine küchentechnisch sehr angenehme Stärke mit günstiger Wirkung auf den Darm. Der hohe Preis wird durch den geringen Verbrauch ausgeglichen. Wildpfeilwurzelmehl ist ähnlich, kommt aus den Tropen, kostet weniger und wird genauso verwendet. In Reformhäusern, Naturkostläden und bei Naturkost-Versandfirmen erhältlich.

Mais: Mais ist das süßeste Getreide. Seine Kohlenhydrate werden leicht und schnell verdaut, daher ist Mais ein guter Energiespender. Da sich beim Mais die Wertstoffe im ganzen Korn, also nicht nur in den Randschichten befinden, kann man ihn auch gemahlen kaufen (denn manche Getreidemühlen mahlen die harten Körner nicht). Es gibt feines und grobes Maismehl, feinen Grieß (Polenta) und groben Grieß (manchmal als Kukuruz bezeichnet) in Reformhäusern, Naturkostläden oder im Lebensmittelhandel erhältlich. Auch frisch gekochte Kolben vom Zuckermais schmecken köstlich.

Mandelmus: Siehe Nußmus.

Margarine: Aus kaltgepreßten Ölen und ungehärtet verwenden wir sie in der Vollwertküche. In Reformhäusern, Naturkostläden, auch im Lebensmittelhandel erhältlich.

Milch: Die im Handel erhältliche »Frischmilch« ist noch am natürlichsten und gibt den damit hergestellten Speisen einen feineren Geschmack als zum Beispiel H-Milch.

Miso: Siehe Sojapaste.

Nacktgerste: Für unsere Küche kommt die spelzenlose Züchtung oder entspelzte Gerste in Frage. Gerste wird seit langem als Heilnahrung gebraucht, sie wirkt günstig auf die Leber und ist eine leichte und erfrischende Nahrung für Kranke und Genesende.

Nackthafer: Auch vom Hafer gibt es eine spelzenlose Züchtung oder entspelzte Körner. Hafer ist von je her als Heil- und Kraftnahrung bekannt. Er hat von allen Getreidearten den höchsten Eiweiß- und Fettanteil. Wer Verdauungsschwierigkeiten hat, sollte an die leicht stopfende Wirkung denken und nicht zuviel Hafer essen.

Naturreis oder Vollreis: Dieser Reis ist nicht geschält und nicht poliert. Die Schale und das Silberhäutchen, die viele Vitamine, Mineralstoffe, Eiweiß und Fett enthalten, wurden nicht entfernt. Die Inhaltsstoffe der Schale sind besonders gut ausgewogen. Reis ist leicht verdaulich und daher ein gutes Nahrungsmittel für Ältere, Kranke und Genesende sowie Menschen mit sitzender Lebensweise. Im Reformhaus und in Naturkostläden erhältlich.

Nußmus: Nußmus und Mandelmus bestehen aus feinzerkleinerten Nüssen oder Mandeln. In Naturkostläden und Reformhäusern erhältlich.

Öl: In der natürlichen Ernährung ist es selbstverständlich, ein kaltgepreßtes Öl von guter Qualität zu verwenden. Es enthält reichlich ungesättigte Fettsäuren und Vitamin E. Den höheren Preis kann man getrost durch geringeren Verbrauch ausgleichen (der Fettverbrauch ist im allgemeinen sowieso zu hoch).

Piccata: Eine pikante, scharfe Gewürzmischung von Brecht, im Reformhaus erhältlich.

Pilzpulver: Eine schmackhafte Würze, die aus getrockneten, gemahlenen Pilzen besteht. Im Reformhaus erhältlich (Brecht).

Reis: Siehe Naturreis.

Roggen: Roggen enthält viele Mineralstoffe wie Kieselsäure, Kalium, Kalzium, Fluor, Jod. Er ist für herzhafte Gerichte besonders gut geeignet.

Kleine Vollwert-Warenkunde

Sahne: Für Sahne gilt das gleiche wie für Butter, siehe dort. Die in den Rezepten verwendete saure Sahne hat 10% Fettgehalt.

Salz: In den meisten Rezepten dieses Buches wird Kräutersalz (siehe dort) verwendet. Es salzt weniger stark als Kochsalz. Als geschmacksneutrales Salz ist Meersalz zu empfehlen, das wertvolle Mineralstoffe enthält. Wer Kochsalz verwendet, sollte die Mengen reduzieren.

Sandwichcreme: Vegetarische Paste (Granovita u. a.), die als Brotaufstrich oder zum Verfeinern von Speisen verwendet werden kann. Erhältlich im Reformhaus.

Sesamsalz (Gomasio): Dieses Gewürz mit fernöstlicher Tradition wird aus geröstetem Sesamsamen und geröstetem Meersalz hergestellt. Es enthält das wertvolle Fett und Eiweiß des Sesam und sehr viel Mineralstoffe in leicht verdaulicher Form.

Soja: Die Sojabohne hat einen hohen Eiweißgehalt (38%), enthält wertvolles Fett, reichlich Lezithin (ebensoviel wie Hühnerei), Vitamin E und viele Mineralstoffe. Es gibt verschiedene Sojaarten; bei uns ist die gelbe Sojabohne am bekanntesten. Seit Jahrtausenden haben sich Soja und Reis als Grundnahrung ganzer Völker Asiens bewährt. Daß Soja nicht schmeckt, stimmt nicht – auf die Zubereitung kommt es an!

Sojamark: Geformtes, entfettetes Sojamehl; preiswerter Fleischersatz. Es enthält 50% Eiweiß in trockenem Zustand. Sojamark gibt es in »Bröckchen« oder gekörnt (Hackfleischart) im Reformhaus/Naturkostladen.
Nicht alles Sojamark ist TVP (Texturiertes Vegetabiles Protein), einige Reformfirmen stellen Sojamark nach eigenen schonenden Verfahren her. Alles über Soja und ein Rezept für selbstgemachtes Sojamark finden Sie in meinem Buch »Soja in der Vollwertküche« (Gräfe und Unzer).

Sojamehl, vollfett: Sojamehl enthält 40% Eiweiß. Es kann als Bindemittel oder in Kuchen – als Ei-Ersatz – verwendet werden.

Sojapaste »Miso«: Mit Salz vergorene und zerkleinerte Sojabohnen, die man als Gewürz oder auch als Brotaufstrich verwenden kann. Miso ist auch in der angebrochenen Packung lange haltbar. Im Reformhaus/Naturkostladen erhältlich.

Sojasauce: Am besten sind die Sorten »Tamari« und »Shoyu«, die noch auf natürliche Weise in Japan hergestellt werden. Sie bestehen aus in Salz vergorenen Sojabohnen und Weizen. Sojasauce kann als flüssige Speisewürze verwendet werden (ähnlich wie »Maggi«). Sie hebt den Eigengeschmack der Speisen hervor und wertet mit Sojaeiweiß und Mineralstoffen auf. Im Reformhaus/Naturkostladen erhältlich.

Steinpilze, getrocknet: Eine vorzügliche Würze für die vegetarische Küche (nach Auskunft des Lieferanten ungeschwefelt). In Feinkostläden und Reformhäusern erhältlich (Ostmann).

Vanille: In der Vollwertküche benutzen wir ausschließlich natürliche gemahlene Vanille, keinen Vanillinzucker (künstliches Aroma). In Reformhäusern oder Naturkostläden erhältlich.

Vollkornbrösel (oder Graham-Paniermehl): Man kann die Brösel selbst aus Grahambrot herstellen. Brotscheiben trocknen lassen, in Stücke brechen, entweder im Mixer wie Nüsse zerkleinern oder mit der Getreidemühle – falls sie dazu geeignet ist – mahlen. Fertige Brösel sind heute auch fast überall erhältlich.

Weizen: Die leichte Verdaulichkeit, der feine, neutrale Geschmack, der hohe Eiweißgehalt und die gute Backfähigkeit machten Weizen zu dem am weitesten verbreiteten Getreide. Der reiche Vitamin- und Mineralstoffgehalt befindet sich vor allem in den Randschichten.

Wildpfeilwurzelmehl (Pfeilwurzelmehl oder Arrowroot): Siehe Kuzu.

Zitronen- oder Orangenschale: Die Schale wird selbstverständlich nur von chemisch unbehandelten Früchten abgerieben. Man kann die abgeriebene Schale mit Honig mischen und in Schraubgläsern aufbewahren.

Einkauf und Lagerung von Getreide

Sobald Sie festgestellt haben, wie köstlich Speisen aus Vollkorn schmecken und wie sie Ihr körperliches Wohlbefinden steigern, werden Sie eventuell Ihr Getreide in größeren Mengen einkaufen wollen. Das ganze Korn ist eine ideale Naturkonserve, denn es ist bei richtiger Lagerung lange haltbar.

Ganze Körner bekommt man in Reformhäusern, in Naturkostläden und bei Naturkost-Versandfirmen, in Mühlen oder direkt beim biologisch wirtschaftenden Landwirt.

Beim Einkauf direkt vom Erzeuger (siehe Seite 104) sollte man darauf achten, daß das Getreide gereinigt ist. Die Landwirte haben Siebe, mit deren Hilfe die Körner von Schmutz und Unkrautsamen befreit werden können. Außerdem sollte man selbst das Getreide vor der Verwendung nach dem seltenen, aber giftigen schwarzen Mutterkorn durchsehen und dieses, falls vorhanden, entfernen. Auch sollte man Korn aus der neuen Ernte nicht vor Mitte November kaufen, damit es lange genug nachtrocknen konnte.

Bei der Lagerung zu Hause sollte möglichst viel Luft an die Körner kommen. Wenn Sie einen sauberen und trockenen Dachboden haben, ist dort ein guter Platz. Das Getreide in flachen Kisten oder stabilen Pappkartons offen lagern und ab und zu mit den Händen »durchwühlen«.

Ein Vorschlag für die Lagerung in der Wohnung wäre eine Korbtruhe, die mit einem dünnen Baumwoll- oder Leinenstoff (keine Kunstfaser!) ausgekleidet wird. Sie sollte an einem trockenen und nicht zu warmen Platz stehen und das Getreide darin sollte ebenfalls ab und zu mit den Händen durchgemischt werden. Das Innenfutter

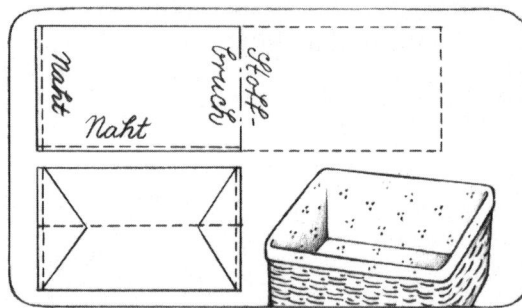

Der Stoff wird auf- und zusammengelegt (oben). Die Ecken klappt man am Boden des genähten Sackes um wie eine Tüte (links). Die fertig gefütterte Truhe (rechts).

aus Stoff können sie leicht herstellen: Den Stoff vor dem Zuschneiden waschen. Den Rand rings um den Wulst der Truhe messen = Länge des Stoffes. Von unterhalb des Wulstes außen bis zur Truhenmitte innen = Breite des Stoffes. Den Stoff zusammennähen, wie die Zeichnung (oben) zeigt, das heißt an zwei Seiten. Am oberen Rand einen Saum nähen, durch den ein Gummiband gezogen wird. Den Stoffsack zunächst mit den Nähten nach innen in die Truhe einpassen, an den schmalen Seiten die Spitzen abstecken und durchnähen. Den fertigen Stoffsack so in die Truhe einpassen, daß die Nähte jetzt zur Truhe zeigen und der Gummizug unterhalb des geflochtenen Wulstes der Truhe liegt. Der Bezug läßt sich, sobald die Truhe leer ist, mit einem Handgriff herausnehmen und waschen.

Rezept- und Sachregister

Kursiv gesetzte Seitenzahlen verweisen auf Farbbilder.

Rezept- und Sachregister

Die Erfolgsbücher der Vollwertküche.

Vollwertiges für Ernährungsbewußte, köstliche und gesunde Rezepte für jeden Tag.
Interessante, unkomplizierte Rezepte, die leicht gelingen, mit Zutaten, die überall zu bekommen sind.

Jeder Band mit 104 Seiten, 20–25 Farbfotos und vielen Zeichnungen. Paperback.

Das zeichnet die Reihe aus:
• Abwechslungsreiche Rezeptvielfalt durch Autoren, die seit Jahren anerkannte Experten sind.
• Neben traditionellen Themen wie „Aufläufe" oder „Rohkost" auch Trend-Themen wie „Soja" oder „Hülsenfrüchte" oder pfiffige Themen wie „Jugend kocht vollwertig".
• Mit wichtigen Zusatzinformationen der verwendeten Zutaten, zur Vollwert-Ernährung oder zur Kochtechnik.

… und weitere Themenbücher dieser Reihe:
• Aufläufe • Gemüse
• Vorratshaltung • Rohkost
• Vollkornbrote • Soja, und …

GRÄFE UND UNZER

Rezept- und Sachregister

Bücher und Adressen

• Chemie in Nahrungsmitteln.
Verlag Zweitausendeins,
6000 Frankfurt 61
• Fritzsche, Helga, Küchenkräuter
selbst gezogen am Fenster, auf
dem Balkon und im Garten. Gräfe
und Unzer Verlag, München
• Kapfelsberger/Pollmer, Iß und
stirb. Verlag Kiepenheuer &
Witsch, Köln
• Klevers Kalorien-Joule-Kompaß.
Mit 3500 Werten.
Gräfe und Unzer Verlag, München
• Koerber/Männle/Leitzmann, Voll-
wert-Ernährung – Grundlagen ei-
ner vernünftigen Ernährungswei-
se. Haug Verlag, Heidelberg
• Kurz, Marey, Soja in der Vollwert-
küche. Rat und Rezept-Ideen zum
Kochen und Backen mit allen Soja-
Varianten: Bohnen, Mehl, Mark,

Milch, Sauce, Tofu und Miso. Gräfe
und Unzer Verlag, München
• Niklas-Pahlows Wildfrüchte-
Kompaß. Baumfrüchte, Beeren,
Pilze und andere wildwachsende
Früchte sicher bestimmen. Gräfe
und Unzer Verlag, München
• Pahlows Wildgemüse-Kompaß.
Gemüse, Salate und Würzkräuter
aus Wiese, Feld und Wald sicher
bestimmen. Gräfe und Unzer Verlag, München
• Handbuch der Haushalts-Getreidemühlen. Bezug durch Buchhan-
del, Reformhäuser, Naturkostläden oder bei Verlag Eberhard Cöl-
le, Postfach 700118, 7000 Stuttgart
70 (gegen Voreinsendung von
DM 9,80 auf PS-Konto 18929-702
Stuttgart)

• Adressen biologisch wirtschaften-
der Landwirte durch:
Demeter-Bund e.V., Wellingstr. 24,
7000 Stuttgart
Fördergemeinschaft organisch-
biologischer Landbau e.V., 7326
Heiningen
• Adressen von Naturkost-Versand-
firmen:
Anzeigen in Reform- und
Gesundheitszeitschriften
• Bezugsquelle für Spar-GarBox
und Servierpfanne: Haushaltswa-
ren-Fachhandel. Information
durch den Hersteller Schulte-Ufer
KG, 5768 Sundern/Sauerland